创业训练实践

蒋卫明 陈姚
彭翊 沈琰 编著

中国人民大学出版社
·北京·

图书在版编目（CIP）数据

创业训练实践 / 蒋卫明等编著. --北京：中国人民大学出版社，2021.6

ISBN 978-7-300-29368-4

Ⅰ. ①创… Ⅱ. ①蒋… Ⅲ. ①大学生—创业 Ⅳ. ①G647.38

中国版本图书馆 CIP 数据核字（2021）第 086627 号

创业训练实践

蒋卫明 陈 姚 彭 翊 沈 琰 编著

Chuangye Xunlian Shijian

出版发行	中国人民大学出版社		
社　　址	北京中关村大街 31 号	**邮政编码**	100080
电　　话	010-62511242（总编室）		010-62511770（质管部）
	010-82501766（邮购部）		010-62514148（门市部）
	010-62515195（发行公司）		010-62515275（盗版举报）
网　　址	http:// www. crup. com. cn		
经　　销	新华书店		
印　　刷	唐山玺诚印务有限公司		
规　　格	185 mm × 260 mm 16 开本	**版　　次**	2021 年 6 月第 1 版
印　　张	8.75	**印　　次**	2023 年 6 月第 3 次印刷
字　　数	193 000	**定　　价**	30.00 元

序

苏州，江南水乡，一片人文荟萃之地。有着丰富的创新沃土，为青年学习、创业、就业营造了优越的环境和良好的氛围。

苏州人常说“金鸡湖畔好经济、阳澄湖畔好养生、独墅湖畔好读书”，这正是苏州工业园区全域规划的真实写照。在独墅湖畔，已经吸引设立了牛津大学、中国科学技术大学等 31 所国际国内知名院校，7.85 万名大学生在苏州工业园区学习和生活，每年有 2 万余名大学生留在苏州工业园区就业、创业。2014—2017 年，我在中国人民大学苏州校区工作，得以见证苏州工业园区的华丽蝶变，感受独墅湖日新月异的发展。我身处其中，备受激励。

“创在独墅湖，赢在智慧里”。2015 年，苏州工业园区创立苏州独墅湖创业发展中心，为大学生及青年创业者提供创新创业教育、培训与服务，重点打造课程建设中心、资源共享中心、活动交流中心和文化展示中心，旨在打破高校创新创业教育的“围墙”，整合区域科教资源，让大学生及青年创业者共享发展红利。

苏州独墅湖创业发展中心深挖大学生和青年创业者等不同人群的创新创业知识需求，将国际与国内创新创业教育资源相结合、线上教育与线下教育相结合、理论讲授与实践训练相结合、自建课程与引进课程相结合、学院教育与社会教育相结合。针对不同层次、不同阶段的创业者开设创新创业课程，业已形成面向不同培养对象并且可以自由组合的课程体系。

苏州独墅湖创业发展中心推动区域院校创新创业资源共享，形成集课程、活动与交流为一体的新型校间合作模式，实现苏州工业园区校际优势互补、成本节约、资源共享。通过整合区域内高校、科技孵化器、科技企业、科技人才等诸多要素，集聚创新创业资源，形成资源丰富的导师库、课程库、项目库、企业库和载体库。苏州工业园区 31 所院校的创新创业课程也在苏州独墅湖创业发展中心的引导下，向特色化、品牌化、系列化的方向发展。

《创业训练实践》是苏州工业园区创新创业教育域本教材，由中国人民大学与苏州工业园区合作开发建设，形成了科学引领、实践指导的创新创业教育课程体系。其中师资力量主要源于院校学科带头人、教授、行业专家、优秀企业家和校友，已建立了线上线下教学平台、翻转课堂、精益课堂、创业实习等多形式教学模块，为大学生及创业者自主学习提供更加专业化、系统化的教育资源。四年来，“创业训练实践”课程

面向苏州工业园区内15所院校开放。学生可自主选课，成为院校认可的选修课，深受院校师生和创业者欢迎。

四年的课程开发和教学实践，弹指一挥间，对于苏州工业园区创新创业教育事业发展、教学成果的积累来说，四年仅仅是一个探索的开端。区域创新氛围打造和人才培养工作仍是漫漫征途，通往星辰大海的路还在不断更新与完善，需要政府、学校、创业者参与共创。

是为序，与读者共飨。

中国人民大学副校长　朱信凯

2021年1月

目录

迎接新时代创新创业的挑战
——创业概念与双创形势

大学生创新创业的现状调查与趋势概览

为了掌握大学生创新创业的客观情况，探索高等学校深化创新创业教育改革的路径和方向，中国人民大学创业学院受教育部指导和委托，从2016年开始每年编写发布《中国大学生创业报告》。为了精准掌握全国创新创业教育和大学生创业的基本情况，报告编写团队在全国范围内开展大样本问卷调查，并在全国十余个城市、几十所高校开展了调研访谈。

2016年的调查覆盖全国31个省（直辖市、自治区）的1 763所高校，共有434 827名在校或毕业五年以内的大学生参与。其中，在校大学生有效问卷313 251份（占比72.0%），正在创业的大学生有效问卷77 776份（占比17.9%），有过创业经历者有效问卷43 800份（占比10.1%）。2017年的调查进一步调整了高校抽样框，结合2016年调查发现的问题修订了问卷内容并增加了高校教师问卷，建立了跟踪调查网络。问卷范围覆盖全国31个省（市、区）的52所高校，共有3 983名在校大学生、476名大学生创业者和910名高校教师参与。其中，在校大学生有效问卷3 674份（占比76.7%），正在创业的大学生或已毕业学生有效问卷322份（占比6.7%），高校教师有效问卷793份（占比16.6%）。

（一）大学生创业意愿持续高涨

根据2016年与2017年的调查显示，曾经考虑过创业问题的在校大学生均接近九成。在2016年的调查中，显示出较强创业意愿的学生占在校生的比例为18.1%，而2017年这个比例是26.2%，又有了显著提升。教育部高教司公布的中国大学应届毕业生的创业率已达到3%，可以与调查的情况相互印证。

（二）大学生创业层次不断提升

从创业性质来看，我国大学生的创业活动更倾向于以追求商业机会为主的“机会型创业”，而非以解决就业温饱问题为主的“生存型创业”。调查中得到的此类创业动机主要包括“自由自主的工作和生活方式”“实现个人理想”“响应国家‘双创’号召”“服务社会，创业报国”等。具体来看，从事“机会型创业”的创业者比例由 2016 年的 73.2% 上升至 2017 年的 76.4%，而“生存型创业”比例由 26.5% 下降至 21.7%。2020 年的调研进一步发现，有 58% 的大学生以“发现某个市场痛点”为切入点而选择创业，另有 42% 则因“发现某种技术的商业潜质”而进行创业。可见当前我国大学生创业主要出于自我价值实现动机，而非因为生存压力所迫。

通过比对正在创业者的专业特征可以发现，75% 的创业行为选择在本专业领域内，显示了基于专业的创业是大学生的主要选择，这也有助于提高创业的成功率。但与之相对应的，即便处于缺少经验与资金积累的创业劣势中，仍有近 25% 的大学生创业者曾经进行过跨行业创业。这表明大学生创业者中有相当一部分人尝试了多个领域的创业历程，具备冒险精神并热爱挑战的人不在少数。

（三）大学生创新创业制约因素依旧明显

连续两年的调查数据均显示，资金和经验不足是制约大学生进行创业实践的主要因素。两年的调查中，都有超过半数的在校大学生认为，创业的最大阻碍是资金缺乏；有过创业经历的人群中，两年来高居第一的创业失败原因也是资金短缺。从创投融资来源看，2017 年被调查的创业者中大多数没有风险投资方的介入（占比 86%）。大部分创业者的主要资金来源于自己，或是创业伙伴。虽然 2017 年认为“资金缺乏”学生的比例略有下降，说明多渠道解决创业资金问题的措施起到了一定作用，但仍然显示出我国现阶段的大学生创业融资体系还非常不完善，政策很难实现立竿见影的效果。虽然有关方面也推出了创业担保贷款以帮助创业者获得融资，但调查结果显示，七成以上大学生创业者从未获得创业担保贷款，“不了解相关政策”是创业者没有获得创业担保贷款的重要原因之一。

制约大学生创业实践的第二大因素是缺乏创业经验和创业指导。缺乏创业指导，包括缺乏如创业导师辅导、创业政策咨询、创业管理咨询等问题。2017 年的调查显示，占比 31.1% 的资金问题和占比 22.4% 的团队问题是导致大学生创业者最终创业失败的主要因素；相关性研究则发现，缺少指导与最后造成创业失败的资本结构问题、团队问题及管理不善问题有相当大的关联，在校大学生对于创业指导的需求甚至超过了对于资金的需求。如果说资金短缺问题更多需要政府和社会资源投入，高校等教育机构在加强创业指导方面则可以大有作为。

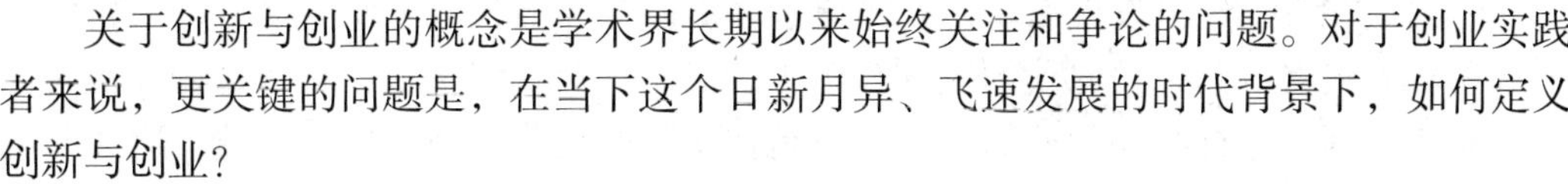

一、新时代的创新与创业

关于创新与创业的概念是学术界长期以来始终关注和争论的问题。对于创业实践者来说，更关键的问题是，在当下这个日新月异、飞速发展的时代背景下，如何定义创新与创业？

（一）关于创新

创新理论的鼻祖熊彼特认为创新是一种生产函数，并最早从经济学角度提出了创新包含的五种形式：引入一种新的产品或赋予产品一种新的特性、采用一种新的生产方法或新的工艺过程、开辟一个新的市场、开拓并利用一种新的原材料或半制成品、新的供给来源、采用一种新的组织方式。

这五种形式本质上就是产品创新、工艺创新、市场创新、资源配置创新和组织创新。产品创新和工艺创新合起来一般称为技术创新，而其他的创新形式一般称为非技术创新。非技术创新的形式除了这里讲到的市场创新、资源配置创新、组织创新，在创新理论的后续发展中，又被许多学者拓展到制度创新、思维创新、文化创新、商业模式创新等领域。

以此为基础，很多创新管理领域的学者对创新做了进一步的界定，比如“创新是第一次引进某项新的产品、工艺过程中，所包含的技术、设计、生产、财政、管理和市场活动的诸多步骤”，“创新是从新思想（创意）的产生、研究、开发、试制、制造，到首次商业化的全过程，是将远见、知识和冒险精神转化为财富的能力，特别是将科技知识和商业知识有效结合并转化为价值。”[1] 著名管理学家德鲁克则认为，企业家通过应用创新取得变化，实现不同业务与服务的机遇。可见，经济和管理领域的创新研究最早来源于技术创新，很长时间里主要聚焦于发明创造和企业研发问题。

从创新创业实践的角度来看，新时代的创新创业者应该从传统商科的创新管理思维中解脱开来，更多角度、更大范围地看待创新的概念。例如，从哲学内涵上看，创新是人对物质世界的再创造行为。通过创新行为，人不断实现对自然和自身的否定和超越，因此，从这个意义上来说，人本身也是创新的结果。而以社会学的视角来看，创新是指人们为了发展的需要，运用已知的信息和条件，突破常规，发现或产生某种新颖、独特的有价值的新事物、新思想的活动。因而，在笔者看来，创新是人类为了改造世界所从事的一切创造产品、提高生产、建构理论、促进交流、形成文明的一系列价值性活动的总和。人类离不开创新，新时代呼唤创新。

（二）关于创业

区别于传统社会认知中的“创业”，科学的创业定义并不将评判标准局限于某个或某些外在的、形式上的指标要件，如是否成立公司、企业的规模、是否以营利为目的等。如“创业是不拘泥于当前资源条件的限制而对机会的追寻，追求不同的资源的利用和开发机会并创造价值的过程”[2]，或“创业过程是指识别机会并创建组织去追求机会的

一部分，包括所有职能、活动和行为”[3]。基于此，笔者将创业定义为：“以对既有设定目标的主动超越、实现更高的价值追求为目的，由个人或组织从事的资源整合、机会开发、组织再造及相关的生产运营过程”。

中国正在进入经济发展新常态，高质量发展时刻需要投入智慧与活力，创新创业创造在新时代将成为一种时代的选择和历史的必然。对青年来说，不管是在校期间创办企业或达到一定社会积累开始创业，还是在未来的工作中开拓新的领域，比如开创一个新的公司事业部、进入一个新的行业，或者运营社会组织、从事社会公益创业，都属于创业的范畴。创业在未来会成为每个人职业生涯必然面临的挑战，更会成为一种积极向上的生活方式、一种凝聚社会共识和团结的精神。同时，创新创业过程也是青年人发现自我、认识自我并完善自我的伟大实践过程，彰显了马克思主义关于“人的自由而全面的发展”的精神内核和价值追求。

课堂训练

请在教师的引导下，审视表 1 - 1 中的行动过程，看他们是否属于创业。并与同学在课堂上用 20 分钟左右的时间讨论一下。讨论过程中，也可以结合自己的认识，谈一谈生活中你看到的新时代产生的有哪些过去没有的新职业，也可以一起畅想一下现在还没有但未来有可能会出现的新创业形式。

表 1 - 1

创业目的	创业主体	创业过程
创造新的业务增长点或创新传统的公共服务模式	国有企业或政府机构	成立新的事务部或进行机构调整
为适应新经营环境挑战而进行“二次创业”	民营企业	业务转型，进入新的行业
以创业解决就业	刚毕业的大学生	撰写创业计划，寻求创业投资
解决生计问题	下岗职工	接受技能培训，开展个体经营
调整生活工作方式，实现职业理想	职场资深人士	整合多年积累的资源，开设自己的公司

（三）创新创业的相关概念

1. 创造

创新创业的终极目的和最高境界是实现价值的创造，包括创造新的事物、创造新的理论和创造新的制度文化。创造的价值性还体现在始终统领着创新创业人的思想意识和行为选择，并最终达成人类认识世界和改造世界的终极目标，即人与社会、自然的和谐发展。创新精神和创业意识在精神层面高度凝结了人类改造世界的知识、经验和方法，创造能力则从实践上整合创新创业在精神意志和经验知识层面的训练和积累，围绕提升个人或组织的观察力、想象力、记忆力、意志力、思维能力，形成有价值的创造性成果。2019 年两会期间，习近平总书记就如何推动创新创业创造、营造良好发展环境作出重要论述，要求最大限度释放全社会创新创业创造动能，不仅强调了创新创业创造之间重要的逻辑辩证关系，也为新时代如何推进国家高质量发展注入了强大的思想动力。

2. 创意

创意是创新创业在思维意识层面的萌发和凝练，是创新创业行动的前提。创意是逻辑思维、形象思维、逆向思维、发散思维、系统思维、模糊思维和直觉、灵感等多种认知方式综合运用的结果。要重视直觉和灵感，许多创意都来源于直觉和灵感。创意产业则是指那些从个人的创造力、技能和天分中获取发展动力的企业，以及那些通过对知识产权的开发可创造潜在财富和就业机会的活动。

二、把握创新与创业的关系

创新是创业的源头，高质量的创业往往来源于高水平的创新。正如彼得 · F. 德鲁克在《创新与创业精神》一书中指出的："创新是企业家的特定工具。他们利用创新改变现实，作为开创不同于其他企业或服务项目的机遇。创新能够成为一门学科，能够被人们学习和实践。企业家需要有目的地搜集创新的来源和变化，并且发现由于变化而出现的成功创新机会的征兆。此外，他们也需要了解及运用成功创新的原理。"

德鲁克认为，系统化创新意味着要关注创新机遇的七个来源，其中前四个来源于产业或单位内部，第二组创新机遇有三个，发生于企业或产业以外的社会环境、哲学环境、政治环境以及知识环境的变化。

（1）出乎意料的情况——意外成功、意外失败、意外发生的事件。

（2）不一致——经济现状之间、现实和假设之间、顾客的价值观和期望之间的不一致。

（3）以程序需要为基础的创新，如产品改进的需要。

（4）产业结构与市场结构的改变，这种情况为创新提供了巨大的机会。

（5）人口统计数据。人口的变化，如一个城市人口平均年龄增加时，地产、娱乐、保健行业的需求增加。

（6）认知、情绪和意识的改变。

（7）科学的及非科学的新知识。发明是以深厚的知识积累为基础，新思想、新方法都是新知识的产物，是创造新产品的基础。

德鲁克对程序需要的创新进行了比较详细的解释，他认为，程序需要是以有待完成的工作作为开始，使现有程序完美，取代薄弱环节；同时还围绕新得到的知识，重新设计已存在的旧程序，有时，通过提供“欠缺的环节”，使某个程序成为可能。通常机构内的每个人都知道这个需要确实存在，但没有人对它采取行动，而当创新出现后，不久就会成为标准。例如，科纳将白内障眼科手术中用来分解韧带的酶转变成了不可或缺的产品。使白内障手术这个程序得以完善的酶早在几十年前就已被人们了解，但科纳创新了保存方式，能够在冷冻状态下保存酶的效力。这个程序需要得到满足后，眼科大夫就使白内障眼科手术的成功率大大提高。

划重点：德鲁克：程序需要的创新有五项基本准则

1. 一个不受外界影响的程序；
2. 一个“薄弱的”或“缺少的”环节；
3. 对目标的明确规定；
4. 解决方法的详细计划能够被清楚地加以确定；
5. 广泛地理解“应该有更好的方法”，即对知识和思想的高度接受性。[4]

创新创业创造是民族复兴的精神内核。中华民族是从不缺乏创新精神、创业活力和创造能力的民族，我们不仅创造了灿烂独特的中华文明，还贡献了四大发明等影响世界的科技成果。但封建王朝的闭关锁国和思想桎梏对人民的创造力造成了严重的禁锢、破坏，间接导致了近代以来内忧外患、落后挨打的漫漫长夜。新中国成立之后，中华民族再次焕发出创新创业创造活力，在中国共产党的领导下，全国人民完成了土地改革和社会主义改造的创举，还在百废待兴、艰苦卓绝的环境下取得了“两弹一星”等举世瞩目的成就。改革开放四十多年来，无论是自己创造了“包产到户”的小岗村村民，还是挑着扁担白手创业的温州小商贩，无论是已经占据当今世界创新巅峰一隅的华为、腾讯、阿里等中国企业，还是嫦娥探月、蛟龙探海、天眼、墨子等中国创造的“大国重器”，政府、企业和普通老百姓的创新创业创造活力的不断累积，持续为中国特色社会主义的发展道路赋能，才让我们距离民族复兴的目标从来没有像今天这样接近，伟大的创新创业创造精神就是我们伟大的民族面向新时代、最终走向民族复兴的精神内核。

创新创业创造是高质量发展的核心驱动。在当前中国稳居世界第二大经济体、中国制造走向世界的情况下，我们也应清醒地认识到，中国的国家创新实力和社会创造能力与欧美发达国家还有很大的差距。一方面，中国经济进入新常态，产业转型升级的过程亟须得到智力支持和技术支撑，以寻求新的增长点，为经济社会发展注入新的活力。但另一方面，发展不平衡不充分问题凸显，全社会无论是在研发投入、自主创新还是科研转化等方面还存在很多短板。在中国经济由高速度发展向高质量发展转变的关键时期，从根本上激发和释放社会创新创业创造活力，是必须面对也必然需要解决的问题，进而驱动解决中国经济大而不强、大而不优，实现中国制造到中国智造、中国创造的跃进等等问题的关键皆在于此。

可见，创新创业实质上是我们自己及身边的每个人、社会中发展运行的每个组织都需要应对的问题，创业精神也是生活在新时代的每个人所需要的。创业精神包括了打破旧有传统桎梏、创造新价值的勇气，包括了不断试错、愈挫愈勇的意志品质，包括了敢为天下先的担当，也包括了众志成城、风雨同舟的团队精神，这些共同组成了创业精神的丰富内涵。

第一，时代崇尚创业精神。我们身处中国特色社会主义新时代，改革和发展始终是这个时代最鲜明的主题，崇尚创业、勇于创新、宽容失败的社会文化是社会进步和文化自信的表现。第二，发展呼唤创业精神。身处当今中国，既没有一劳永逸的社会资源获取模式，也没有一成不变的工作岗位需要。无论身处何种组织、从事何种工作，都要有创造未来的观念视野和求新求变的积极态度。第三，奋斗需要创业精神。选择创新创业既是不断发展变化的环境使然，也是我们主动追求变化和进步的驱动力使然。

青年个人的全面发展、寻求对自身的突破，都离不开敢为人先的胆识、坚忍不拔的意志以及持续反省、否定自我的气度。

三、学习创新创业

对于青年人来说，创新创业需要学习、也主要依靠学习。学习是人类社会化的基本途径，而对于创新创业这一高度复杂的社会化活动来说，学习更是获取知识、提升能力和指导实践必不可少的基本要素。近年来，对创业学习问题的研究已经越来越得到国内外学者的重视和关注，积累了大量对创业学习的概念范畴、学习内涵、学习方式等的研究成果，特别是如何学习、通过什么途径或方式来获取和创造与创业有关的知识。

目前的研究将其归结为经验学习、认知学习和实践学习三种经典模式。经验学习主要是指学习者通过转化自身经验来创造知识的过程，形式上是以自己的探索、试错和积累为主，是一种内在的学习。故不能简单地认为创新创业学习只是跟着老师学或向别人学，也不是只有进入具体项目的实践环节才能开展学习，依靠自身经验和知识实现内化升级亦是重要方法。认知学习是指创新创业者通过学习借鉴别人的创业过程或相关的可参照行为以提升自己，最典型的就是创业者观察创业成功榜样的行为，并进行思考和认知重构，在恰当的时间和地点再现出来。当然，创业过程归根结底是一个实践过程。实践学习就是在真实的创业实践中综合运用自身体验、他人经验，并在实践反馈的基础上固化知识。

研究者还进而证明了成功的创业学习是三种学习形式的交叉复合，并从动态的角度深刻地揭示了创业者与创业过程、创业环境的辩证关系。这就解答了没有创业实践经验甚至没有社会经验的创业者，特别是大学生层次的准创业者，为什么能够在创新创业生态系统中学习提升、获取成功。所以，尽管创业学习与一般课堂学习有诸多差异，但正如著名哲学家杜威所强调的："教育就是对过往经验的重组"，针对高度不确定的创业过程，创业需要的不是知识的灌输，而是知识传授、能力培养和实习实训的结合；针对飞速变化的创业环境，创业需要的不是被动的学习，而应该是体验积累、榜样示范和实践升级的结合。[5]

运用奥斯本检核表学习创新方法[6]

（一）奥斯本检核表法的实施步骤

奥斯本检核表法的核心是改进，或者说通过变化来改进。其基本做法是：首先，选定一个要改进的产品或方案；然后，面对一个需要改进的产品或方案，或者面对一个问题，从下列角度提出一系列问题，并由此产生大量的思路；最后，根据第二步提出的思路进行筛选和进一步思考、完善。

由于设问形式的表达能使作答者处于较为自然、轻松的状态，给人以可以商量的感觉，往往对人启发较大，特别是对试探性的内容，用问句形式更为合理，所以检核表中的各项具体内容较多地采用了设问的方式。在考虑某一问题时，将多数人常利用的智慧或办法搜集在一起，制成一览表，对每个项目逐一进行检查，以避免遗漏要点，这就是奥斯本检核表法。当然用于产生设想或解决问题的检核表并不是只具有检核功能的保守性的一览表，其更主要的功能是指导人们进行多角度的创新。

实施步骤：

（1）根据创新对象明确需要解决的问题；

（2）根据需要解决的问题，参照表中列出的问题，运用丰富的想象力，强制性地一个个核对讨论，写出新设想；

（3）对新设想进行筛选，将最有价值和创新性的设想筛选出来。

（二）实施过程的注意事项

（1）要联系实际一条一条地进行检核，不要有遗漏。

（2）要多检核几遍，效果会更好，或许会更准确地选择出所需创新、发明的方面。

（3）在检核每项内容时，要尽可能地发挥自己的想象力和联想力，产生更多的创造性设想。进行检索思考时，可以将每大类问题作为一种单独的创新方法来运用。

（4）检核方式可根据需要，一人核检也可以，三至八人共同检核也可以。集体核检可以互相激励，产生头脑风暴，更有希望创新。

表 1－2 就是一张奥斯本的检核表。

表 1－2

核检项目	含 义
能否他用	现有的事物有无其他的用途；保持不变能否扩大用途；稍加改变有无其他用途
能否借用	能否引入其他的创造性设想；能否模仿别的东西；能否从其他领域、产品、方案中引入新的元素、材料、造型、原理、工艺、思路
能否改变	现有事物能否做些改变，如：颜色、声音、味道、式样、花色、音响、品种、意义、制造方法；改变后效果如何
能否扩大	现有事物可否扩大适用范围；能否增加使用功能；能否添加零部件；能否延长它的使用寿命，能否增加长度、厚度、强度、频率、速度、数量、价值
能否缩小	现有事物能否体积变小、长度变短、重量变轻、厚度变薄以及拆分或省略某些部分（简单化）；能否浓缩化、省力化、方便化、短路化
能否替代	现有事物能否用其他材料、元件、结构、力、设备力、方法、符号、声音等代替
能否调整	现有事物能否变换排列顺序、位置、时间、速度、计划、型号；内部元件可否交换
能否颠倒	现有的事物能否从里外、上下、左右、前后、横竖、主次、正负、因果等相反的角度颠倒过来用
能否组合	能否进行原理组合、材料组合、部件组合、形状组合、功能组合、目的组合

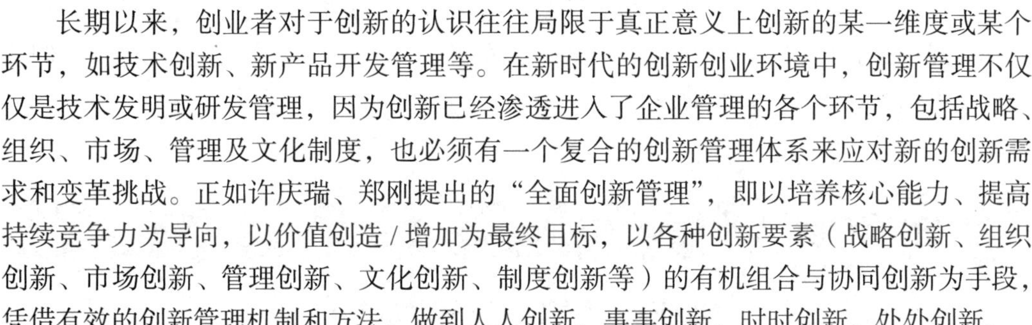

四、创业者与创新管理

长期以来，创业者对于创新的认识往往局限于真正意义上创新的某一维度或某个环节，如技术创新、新产品开发管理等。在新时代的创新创业环境中，创新管理不仅仅是技术发明或研发管理，因为创新已经渗透进入了企业管理的各个环节，包括战略、组织、市场、管理及文化制度，也必须有一个复合的创新管理体系来应对新的创新需求和变革挑战。正如许庆瑞、郑刚提出的“全面创新管理”，即以培养核心能力、提高持续竞争力为导向，以价值创造 / 增加为最终目标，以各种创新要素（战略创新、组织创新、市场创新、管理创新、文化创新、制度创新等）的有机组合与协同创新为手段，凭借有效的创新管理机制和方法，做到人人创新、事事创新、时时创新、处处创新。

从创新与创业的复合角度来看，创新创业者应从创业者 / 创业团队、创新机会识别与开发和创新资源整合的管理视角去进行创新管理。

（一）创业者 / 创业团队的管理视角

在创业企业内部形成鼓励创新、勇于创新的企业文化，构建集组织设计、绩效考核、股权激励、薪酬福利、人员配置、职业发展于一体的创新管理制度。创业者特别是创始人本人是企业创新战略的制定者和执行人。因此，他需要时刻把握创新方向，坚持战略定力，统筹创新资源投入，设计创新管理绩效指标，兼顾创新投入与股东回报之间的平衡。创业团队不同于一般企业的创新管理团队，每个人都肩负了企业创新战略的具体执行的职责，团队需要明确个人的创新职责和创新义务。团队创始人和创业团队共同构建了创业企业，同时也需要更加扁平化的组织架构，以实现创新管理的高效沟通、控制调整，降低创新成本，提高创新成功率。

（二）创新机会识别与开发的管理视角

创新的目的是实现价值，企业必须在为顾客或用户实现价值的基础上才能获得收益。创业者的创新管理任务，首先是明确其产品和服务的用户是谁，同时创新要满足员工、股东乃至社会公众的广泛需求和社会责任，解决创新为谁而生的问题。其次，具体化定义用户的需求，解决他们的问题，从价值识别到明确价值主张。接着通过资源整合找到需求满足和降低成本之间的平衡方案，进而开始规划业务流程，实现价值设计的“链条”。最后，获得顾客青睐、取得实际绩效的创新成果，才是真正的创新。关于创新活动如何能够更加科学地实现价值设计和发现机会，可参考使用奥斯本检核表法。

（三）创新资源整合的管理视角

营造有利于创新的组织氛围，形成行业需要和具有企业特色的创新管理模式，整合企业研发、生产、营销、品牌、财务、人事等方面的资源，形成企业创新统一服务的机制。当前创新创业形势下的创新资源整合，还事关企业内外部资源的有效整合问题。如何在创新管理中实现内外部协同和互补效应，提高企业的知识搜寻和获取、知识分享与转移、知识整合与应用能力，以及动态适应外部环境变化的组织学习和吸收能力尤为关键。基于开放式创新的理念，最近在诸如海尔、华为、腾讯等成功企业的转型发展过程中，以技术授权、购买专利、战略投资和并购等形式，通过外部孵化创新项目或内部扶持创新团队创业的模式，进而实现组织创新、完成企业整体转型的使命，这也是创业定义广泛性的体现。

案例研究作业

创业成功的“反面教材”[7]

从高中时起，创业这件事就被谢元博写进了自己的人生目标。进入坐落于苏州独墅湖高教创新区的西交利物浦大学后，他先后策划了三个创业项目，经历了五次创业大赛的“洗礼”，但一次次的挫败并没有让他放弃。如今，他创立的小于三音乐工作室拥有9名核心成员、40余名签约兼职音乐制作人，已经为超过7 000名音乐人提供了编曲服务，其中不乏近千万粉丝的知名音乐人。从别人眼里的年少有为到不务正业，如今光环退去后再次被簇拥起来，这是充满魔幻的戏剧生活。但谢元博宁愿当一个反面教材，用他自己的话说：“希望各位深思熟虑后再出发。”下面是谢元博想要分享的故事和经验：

我的家乡在新疆昌吉，那里的教育观念比较传统，高中的时候根据成绩分班，我在“平行班”。在当时的环境里，前有成绩特别好的学霸，后有术业有专攻的体育和艺术特长生，想在同龄人之中往上走、想出头，就得走一条和别人不一样的路。

那时看了马云的人物传记，非常崇拜他，就和同学合伙做了一个本地的电商网站，叫“昌吉批发网”。其实现在看来那个项目非常幼稚，高中生做电商本就困难，再加上已经有了发展成熟的淘宝，我们的项目以失败告终。但这一经历使我明白了两件事：第一，我不想打工，我想要创业，想要做自己的事业；第二，如果现在的我还没有足够的经验、资金和人脉，那就暂时放下创业，专心学习，大学去一个能获得这些的地方。

之后我一直保持着班级第一，并作为班里唯一考上一本的人来到了西交利物浦大学，学习国际商务专业。商科学习不能只靠课堂上的理论知识，还要和实践相结合。苦于缺少志同道合的伙伴和足够优秀的想法，我加入了SEDA（学生企业家协会）。大二那年，时任副会长的我受到了学校的邀请，去参加苏州市政府组织的一个创业培训。在那里，我有幸结识了初始团队的成员，以及一个让我想要行动的想法。头脑风暴环节，同组的女生说她会手绘，有些情侣会找她画一些小漫画，记录下恋爱的故事。手绘记忆中的美好，是不是听起来还挺有意思的？也许是在社团当领导的日常让我有些膨胀，我直接做了决定说就干这个。

培训的一个月内，我们做市场分析、打磨商业计划，在最后的汇报中拔得头筹，甚至说服了一开始不看好这个项目的导师。被认可产生的多巴胺太美妙了。培训结束当晚，我把项目组的成员聚在一起，年轻人的热血冲上了头，我们约定好真的成立一家公司，继续往下做。我给手绘项目起名叫“忆文化”，这个项目在学校创业大赛中拿了第九名。但我认为切入点太小，于是想要扩大业务范围。

当时我以为，不管是创业、社团，还是学习，我总能兼顾。而事实上分给学习的精力有限，成绩中等。为了能争取到更多的时间去创业，同时也能重新学一遍知识、搞好学术给自己留条后路，在大二学年末，我主动选择了重修。

新学期开始后，我把忆文化的业务拓展到大学生接触最广的动漫、摄影和音乐三大类，并说服了动漫社、摄影家协会和SS音乐工作室一起加盟，团队扩大到11人。它有了一个新的名字——“定格”（Digger）。Dig your talent，make you different——挖掘你的才华，让你与众不同。

再次参赛，可惜，再次铩羽而归。我认为是因为我们没有开展运营，仅凭一个想法不能说服评委。于是我们开设公众号，在小程序上发布才艺和创意，产品在同学中颇受好评，团队也逐渐壮大，最多的时候达到32人。

创业大赛的前三名可以获得下沉广场西浦大学生创业园一家店铺的一年使用权，我们已经做好准备去拿下店铺了。那时很多核心成员有巨大的学业压力，或是面临“2+2”的选择。坚持了这么久，我们太需要一次成功来说服自己，我也太需要被认可一次才能有信心让大家继续跟着我做。

结果让人大失所望，我们是倒数。士气低迷到无可挽回，外界的打击固然残酷，就连我自己也变得不认可这个项目了。我只能跟所有伙伴说一句“学业为重”，苏州定格文化创意有限公司无限期停业。但是公司我留着没去注销，仿佛注销了它，我心里的那团火也就熄灭了。

为了换个环境，也为了能尽快从低谷中走出来，那之后，学习以外的时间我都用来创作音乐。我是个热爱音乐的人，尽管水平不算多高，但也能自己作词作曲演唱。我结识了同样热爱音乐的学弟Chaos，还有西浦的隐藏音乐制作人——90和71。我和Chaos开始做“wildstyle地下电台”，两个人自由创作，围绕着音乐谈天说地，再把这段音频分享在公众号上。渐渐地，学校中有更多有趣的朋友都加入了每周的“闲聊”。

优秀的人们又一次聚在我面前，时间也再次到了创业园的秋季评审。趁着公司还没注销，我心里的那团火又旺了起来，我跟伙伴们说：“要不要在下沉广场，搞一间属于我们自己的基地？”

“小于三工作室”诞生了，它写作<3。这两个符号连在一起是爱心，代表着我们的热爱。我了解当前原创音乐市场的现状，自己作为音乐制作人也了解我们真正需要的是什么。所以小于三没有那些性价比低的昂贵设备，自然能提供大大低于市场价的录音服务。

本以为不会成功的我居然在评审中拿到第六名，获得一个工位，要和另一个项目负责人共同使用一间工作室。我痛下决心，决定拒绝签下协议，从而获得来年再次参与评选的机会。既然有希望，那我就要最好的结果。

那一学期，我开始思考工作室在录音和编曲之外的可能，以及拓展这些文化

的商业模式，但却没有非常明确的答案。再加上忙于学业，工作室的发展并不如预期那般理想。很遗憾，我们用放弃奖励换来的评选，只得了第七名，又变成了一无所有。但我好像没那么在意了。“定格”那次名次倒数是压垮我的最后一根稻草，而现在的我不再需要依靠外界的认可去坚持我的项目。这是我所热爱的事业，我相信它，也相信我的伙伴们。

如果我只把小于三定位成音乐工作室，那它的发展上限就在那里了，我不能限制自己。通过电台和开放免费下载的原创伴奏，我们积累了一些粉丝，甚至在下沉广场办起了文化交流派对。大家一起自由创作、玩滑板、跳街舞，路过的朋友们都能加入进来。后来有了电音社 DJ 和苏州本土音乐厂牌的支持，让一次自娱自乐变成了一场大家互动分享的音乐节。不是只能帮助编曲和录音，不是只在科普嘻哈和摇滚音乐，我们在创作音乐的同时，也让更多人参与到创作的过程中来。我们是在传播文化，甚至想要自己创造一种文化。有人说我们想得太简单了，“你们这些靠兴趣出发的怎么和人家专业的抢饭吃？”确实，在我们的团队里，甚至没有科班出身的音乐人，但我相信我们的创造力、想象力和个人审美并不比那些学院派差。我们不是太专业，这可能反而是件好事，这样气质的团队能在服务专业制作人的同时吸引普通人。

时间过得飞快，又是一年评审时。这次，我们是第一。评审之前，我没想什么志在必得，但一切都异常顺利。路演结束后、评审结果发布前，我坐在台下想，挫折或许能磨平我们的棱角，但击退不了一颗炽热的心。

2020 年 7 月，谢元博顺利从西交利物浦大学国际商学院毕业，受到疫情影响的小于三工作室也开始回暖，订单渐渐多了起来，这让本想一年后再申请国外研究生的谢元博开始思考在西浦读研的可行性。

大学期间积累了商科的专业知识和实践经验，研究生他想读媒体或者文化创意专业，接触更多创业相关的知识和资源。“我的公司和主要市场都在这里，如果可以读非全日制研究生，更利于我边学习边创业”；“这两年 vlog 逐渐兴起，vlog 里常用的配乐就是我们工作室在做的音乐风格；再加上国内年轻用户的版权意识不断增强，我相信我们以后会越来越好的。”

当被问到“如果没来西浦还会创业吗？”的时候，他毫不犹豫，“不来西浦也会创业，但那是另外的可能性了。因为来了西浦，因为遇到那么多挫折、那么多同伴，才能走到今天。”

“我觉得这是一个挺好的安排，”他想了一下说，“最好的安排。”

研究问题

1. 谢同学是如何保持创业热情的？在这个过程中他的创新创业观念经历了怎样的转变？
2. 请总结一下，在这个案例中有创业想法的同学可以获得来自苏州地方政府、高校哪些创业政策扶持和便利条件？如果是你，可以从哪些渠道了解到这些信息？依靠搜索引擎等渠道设想一下，如果你现在身在苏州学习，可以具体得到哪些帮助？

注释

[1] 陈劲，郑刚. 创新管理：赢得持续竞争优势. 北京：北京大学出版社，2016: 81.

[2] Stevensen H. The Heart of Entrepreneurship. *Harvard Business Review*. 1985. March-April: 85-94.

[3] [美] 拜格雷夫. 创业学. 3 版. 北京：北京大学出版社，2017: 44.

[4] [美] 彼得 · F. 德鲁克. 创新与创业精神. 张炜译. 上海：上海人民出版社，2002: 86.

[5] 陈姚. 大学生创业十问. 中国青年报 · 青年时讯周刊，2019 - 06 - 14.

[6] 思维模型 026 - 奥斯本检核表法. https://www.jianshu.com/p/23aaf7080269. 在收录本书时做了精简和修改。

[7] 创业成功的“反面教材”. https://new.qq.com/omn/20200717/20200717A0NU5T00.html. 收录本书时作者做了修改。

准备好创业了吗？

——创业认知准备与资源整合

26 岁荣登福布斯精英榜

2019 年 10 月 17 日，福布斯中国推出了最新的 30 岁以下精英榜（30 Under 30），选出了 600 位 30 岁以下活跃在中国的创业和行业创新者。南京工业大学电气工程与控制科学学院浦瀚同学入选“工业制造行业 30 位 30 岁以下精英榜”，成为该校首位入榜的在校生。在第五届中国“互联网 +”大赛中，浦瀚同学的参赛项目《梯检家——电梯运维检测行业标准定义者》荣获全国铜奖。

26 岁的浦瀚同学，与苏州独墅湖创业发展中心和苏州都有着不解之缘。他参加过苏州独墅湖创业发展中心举办的中美青年创客大赛并取得了优异成绩，参加过苏州工业园区优秀创业团队的评选，还上过苏州创业节目《创赢未来》，最终团队项目在苏州工业园区顺利落地。

从 2015 年开始，浦瀚带领创业团队一路披荆斩棘，将脑海中的创意逐步变成现实，全力打造“全球最智能、最安全、最节能环保的电梯系统”。电梯已成为人们生活中最常用的交通工具之一，其安全问题也成为社会关注的热点。国务院颁布的《特种设备安全监察条例》，要求电梯厂家要向国家和有关部门提供及时准确的电梯运行数据和信息。基于国家要求和社会需求，浦瀚创业团队致力打造一套智能电梯与远程控制系统。

“该智能电梯控制系统最大的亮点在于智能化。”浦瀚介绍，团队运用的技术区别于市面上常规的电梯监控方式，创新性地采用 MAS 监控系统。该系统能将电梯内部的 GPRS 信号完整地传输到电梯外部，确保数据“零失真”。通过搭建高速传输网络，确保将电梯前端采集到的信息完整地传送到电梯监控中心。同时，在电梯监控后台，团队自己组建“服务器群”，可确保信息的绝对保密性，自主设计监控前端界面，令监控人员对后台信息了如指掌。

“该控制系统的另一亮点是其安全性。我们研发了一套电梯预警装置，产品报警触发、接警响应准确率均达 100%。”浦瀚说，在未来的升降型电梯使用中安装该套装置，电梯轿厢前端能够“感知”当前运行状况，具备“预判”故障的能力。因此，当电梯认为即将发生事故时，电梯本身能够及时停止运行，自行打开轿厢门，让乘客离开轿厢内部，同时通知维修人员进行维修。

浦瀚研制的智能电梯产品颇受市场青睐，已与南京多家电梯企业达成合作意向。设备在南京市江北新区多个居民小区、商场试点运行，首期试点 100 台套，运行状态良好。“通过在小区和商场安装该设备，在提高电梯性价比的同时，也大大提高了乘客乘坐电梯安全系数。”据悉，该项目现已获得授权专利 3 项、受理 2 项，获得各类创业创新奖项 10 余项，入选 2017 年江苏省创新创业优秀成果展示交流会“最具潜力创意奖”。

浦瀚项目团队已经成长为行业的冉冉新星，获得紫金科创种子轮融资和毅达资本战略投资。此外，浦瀚同学还荣获《中国青年报》评选的“2018 年大学生创业英雄百强”、中国科协技术传播中心等评选的“2019 创青春—中关村 U30 百强”；荣获 2018 年福特“优行”挑战赛全国总冠军、2018 伯藜杯校园创业大赛全国总决赛金奖等各级各类创新创业荣誉奖项近百项，并拥有国家授权专利 7 项，在国内期刊发表论文十余篇。

一、创业认知准备[1]

大学生创业者走向创业实践之前，心理认知上的准备极其关键。创业认知不仅包含了上一章提到的对创新创业的概念的认知，更关键的是创业者的自我认知以及创业能力的认知。因为大量的创业研究成果表明，创业行为能否走向实践以及成功与否，除了与创业者的创业能力、创业项目的选择偏好等相关外，非常重要的一个变量就是自我认知。

（一）如何评估自身的创业潜能

综合胜任力模型、人格类型等人力资源管理领域比较公认的学术理论都认为，具有外向型人格、执行力强、洞察力强、风险承受能力好、有激情、勇于尝试挑战性工作的人更适合进行创业等高风险、高强度领域的工作。但是，至今也没有任何科学的结论证明，只有某一种类型的人适合进行创新创业，而对其他所有人都关上大门。没有人生来就不适合创业，也没有人天生能够回避创新创业；对于青年学生来说，学业、就业、事业和创业将在新时代的青春搏击和人生历练中实现完美统一和有机融合。只要对新奇的事物、新兴的领域充满好奇，愿意去创造新技术和新产品、探索新的商业模式抑或解决各类社会问题、满足新的社会公益需要，进而创造更加丰富的人生价值、实现更大的社会价值，那就勇敢地去尝试，接受与创新创业创造相关的挑战。

创业能力测试量表

教师可以让学生在课堂上利用下面整个或部分的网上简易自我测评量表进行测评（该量表采用流行的李克特量表，可从网络资源中下载，教师可结合高校特色和学生情况修改）。也可以帮助同学们测试自己还有哪方面的短板，以在下一步学习实践中弥补和提高。

1. 创业基本素质

（1）你认为自己很勇敢吗？

如果你选择“是”加 1 分，否则，减去 1 分。

（2）你在学校很出色吗？

如果你选择“是”减去 4 分，否则，加 4 分。

（3）你热衷于集体活动吗（如俱乐部活动、运动队活动甚至两人约会）？

如果你选择“是”减去 1 分，否则，加 1 分。

（4）你宁愿经常独处吗？

如果你选择“是”加 1 分，否则，减去 1 分。

（5）孩提时，你送过报纸、卖过柠檬水或从事过其他小型的经营活动吗？

如果你选择“是”加 2 分，否则，减去 2 分。

（6）你曾是一个执着的孩子吗？

如果你选择“是”加 1 分，否则，减去 1 分。

（7）你十分谨慎吗？

如果你选择“是”减去 4 分，否则，加 4 分。如果你很爱冒险的话，另加 4 分。

（8）你担心别人怎么看你吗？

如果你选择“否”加 1 分，否则，减去 1 分。

（9）你是否厌烦日复一日、如出一辙的单调生活？

如果求新是你决定你的人生历程的一个重要动机，就加 2 分，否则减去 2 分。

（10）你会动用你所有的积蓄去涉足新的领域吗？它可能让你的投资成为泡影，你仍会投资吗？

如果你选择“是”加 2 分，否则，减去 2 分。

（11）如果你刚投资的事业失败了，你会立刻着手另一项吗？

如果你选择“是”加 4 分，否则，减去 4 分。

（12）你是乐观主义者吗？

如果你认为自己是乐天派，加 2 分，否则，减去 2 分。

现在计算总和。如果你得分在 20 分以上，则表明你具备了较好的创业素质。如果得分在 10～19 分，虽不理想，但仍可努力。如果得分在 –10～10 分，你以不独创自己的事业为宜。低于 –11 分则表明你的才能可能在其他方面。

2. 创业专业素质

针对以下问题，如果完全不懂则答 1 分，非常清楚地了解则答 5 分，根据你对题目的了解程度，分值可以是 1、2、3、4、5 中的任一数字。

（1）你知道哪些力量在影响着市场景气吗？具体地说，你对经济指标有多了解？

（2）你做计划和预算的能力怎样？

（3）你对财务管理及控制有何了解？

（4）你对进货和存货控制的了解程度如何？

（5）你对市场分析、预测是否在行？

（6）你认为自己对市场需要哪些产品（或服务）有没有敏锐的感觉？

（7）你对促销、广告的了解怎样？

（8）你对定价有多少把握？这需要对客户需求、进料价格、竞争状况有较全面的考虑。

请计算你的总得分。如果你的自我评估在 35 分以上，你已有充分准备，可以放手一搏。如果在 25～34 分，你可以尝试一下，并就薄弱环节尽快补课。假如自我评估的分数在 24 分以下，或许你最好再加一把力，例如找一些书籍自学，针对自己的不足，在他人公司里工作一段时间；或去修一些课程，包括系统地向个人请教。

（二）创业领域的选择

用职业生涯规划理论分析，无论未来从事什么行业的职业，还是选择创业的行业领域，选择者要对自身有一个全面清醒的认识，找到自己或团队的核心竞争力是什么。同时，对社会经济生活的某一个方面有较为深刻的把握，能够发现用户存在的痛点和解决办法，从而设计创业企业的产品模型、商业模式和发展战略。

常常可以看到很多名校学生首先选择在中学生课业辅导培训行业中创业。先不管企业运作的模式如何，至少他们是在竞争激烈的课外教育市场中找到了一个比较擅长的切入点。

另外，兴趣是最好的老师，这在创业领域同样适用。即便所学专业与实际创业的领域千差万别，但选择自己真心热爱或有浓厚兴趣的领域去创业总不会错。例如，有些文科学生偏偏选择了开发手机游戏，有些理工科生则把在抖音等新媒体上搞内容创作作为创业的首选项。当然也要避免因为热情或喜爱引发的“一叶障目”现象，创业领域的选择一定要多调研、多尝试，类似“精益创业”中的“最小可用品”对于学生创业来说是很好的测试性工具。

（三）创业启动和融资

融资并不是创业必经的环节，融资与否、融资多少必须与项目的发展阶段密切结合，千万不可把是否获得投资、投资量的多少作为衡量项目成功与否的标准。现实中已经有太多因为创始人与投资人之间理念不合、利益纠纷造成项目流产的案例，达成投资协议之前一定要对股权结构设计、投票权、项目发展计划、资金使用计划等形成比较一致的看法，一时短视往往会造成悲惨结局。

创业融资和启动资金也不是同一个概念，一些现金流良好的创业项目可能只需要很少一部分启动资金就可以运作起来，而良好的自有现金流也意味着后续融资并不是创始人面临的最紧迫任务。中国人民大学连续几年开展的全国性创业教育情况调查显示，大学生创业者最大的资金来源还是自有资金，获得创业投资的比例非常小，而对于创业扶持贷款、创业补贴等政策，学生基本上都不是很了解。对于大学生创业者来说，全面了解掌握国家和地方政府对创新创业的各项政策、把最适合自己的相关政策匹配到位，是最基本的功课，相应的信息资源管理和公共关系能力也是创业的基本功。如果当前形势下获得天使投资、风险投资越来越难，那么创业贷款、创业补贴等金额虽小却弥足珍贵的资金来源，也应得到创业者足够的重视。

（四）创业实践与创业比赛

创业比赛并非创业成功者的必经之路。在比赛中获得名次，也并不代表创业项目必然成功，否则创业成功也太容易了。特别是一些大规模的赛事，能否得奖还会受到各种现场因素的干扰，千万不要以获奖作为项目好坏的标准。提倡所谓“以赛代练”，甚至导致以赛为生的“创业比赛专业户”的出现，将会使创业实践与比赛的关系本末倒置。

比赛永远无法取代系统学习的理论性和系统性，即使是在创新创业这样实践性很强的专业领域之中，也不能随意放弃价值引导和知识传授，更不能为了取得比赛成绩，因短视和投机而付出代价。当然，在不影响创业者时间和精力的前提下，参加一到两次综合性比较强的创业大赛也是可行的，关键是能够在参赛过程中得到评委导师的点评指导或与资本方进行互动，以及观摩其他项目获得启发，总之要对项目发展有所裨益。

（五）创业计划书和创业的关系

创业计划书的写作和修改经常会花去创业者一到两个月的时间，对于时间和精力非常宝贵的创业者来说尤其显得得不偿失。因为密集的投资对接、创投见面会上，投资人确实也很难有时间认真阅读计划书，经常可以看到堆成山的计划书会后就直接被当作废品处理掉了。如果对资本需求不是特别大、不急于获得投资的项目，是不是就可以不需要特别详细的创业计划书？

对此，很多创投界的资深专家认为，创业计划书充分体现了创业者对创业项目的思考和认识深度。对项目可行性的基础调研、对商业模式的初步验证、对财务管理的计算论证，都要在创业计划书中得到高度的凝练。如果在写作过程中已经发现无法实现产品、运营、人力和资本等几大要素的匹配，创业者还有机会及时地调整。当然，计划书关键在“计划”，是未来很长一段时间内项目发展方向和阶段规划的蓝图，也必须得到高度重视和科学规划。同时，创业计划书也是塑造创业愿景、形成团队共识的重要手段，创始人可以通过介绍计划书来为每一位创业参与者描绘创业设计和成功前景。

课堂辩论会

休学创业这个问题是很多有技术特色的项目遇到的困惑。如果创业项目技术上有一定的“保质期”，不尽早投入市场可能很快就会落后或被取代，那么进入实践阶段有一定的合理性。创业者一定要做好创业的收获和中断学业的损失之间的成本权衡，毕竟大学生创业失败的可能性很大，而创新性不足、商业模式相近的项目失败的可能性更大……

以上述文字为引子，教师现场组织一场围绕“创业大学生应该 / 不应该休学创业”主题的辩论会，学生可以自愿加入正反方。准备时间 20 分钟，辩论时间 30 分钟。其中双方各有三名辩手，每人轮流发言。每队发言结束后，由对方观众自愿点评 10 分钟。

教师在辩论正式开始前请提示：

（1）在现实中，我们遇到的大多数学生创业项目并没有技术独创性等进入壁垒，很多人可能是头脑一热、盲目跟从进入了某个创业领域。

（2）经常发生项目前期调研不充分，项目计划书写得非常完美，一旦真的实践却发现根本无法落地，落入“假需求”陷阱的情况。

（3）休学去创业也只是创业选择的选项之一，关键还是要看在创业项目中学生个人扮演了什么角色。比如现在很多工科技术背景的项目属于师生共创（教师和学生共同创业、共有知识产权或共有股权）。如果教师拥有主要知识产权，学生没有太多技术研发的职责，只是负责管理和运营的话，通常就没有必要专门休学去做项目。因为技术研发的压力并不在学生身上，也不需要付出暂停学业的代价去解决技术紧迫性问题。

二、创业资源整合[2]

对于一家大型企业来说，要制定新的产品策略，公司内部要有专门的市场部门先期开展市场预研，对这个市场进行长期跟踪，还可以借助第三方市场研究机构的力量。接着公司管理层会对新产品的市场规模和机会识别有一个初步的认识，包括可能涉及的竞品和对手。下一步，公司会让产品运营、市场和销售部门配合来制订更加完善的产品计划，正式形成决策之后还可以组织一个专门的团队来实施计划，甚至可以伴随形势的变化专门组织一个事业部来完成推进所需要的资源。所以，对于稳定商业环境之中的成熟企业而言，严密的商业计划和充分的信息掌握至关重要，而资源整合则是后续需要解决的环节，这也是传统的管理学教学研究逻辑。

但是，对于创业者和创业行动来说，实际运行的则是一套与之相反的商业理论——奏效逻辑。这套理论是美国弗吉尼亚大学萨阿斯瓦斯教授的研究成果，因为它和传统商学院教授的产品理论完全不同，但又非常适合创业企业的需要而广为传播，甚至成了一种对创业行为的经典解释，已然是创业管理中的重要理论。

与传统管理者相比，创业者所需要面对的最大挑战主要有两个方面：环境的高度不确定性和资源的高度约束性。市场机会稍纵即逝，而越是新兴市场和新兴领域，不确定性就会越强。在一个看似没有对手的市场上，政府的政策变化、竞争对手的策略调整、用户的使用习惯都会成为压死骆驼的那根稻草，市场也常常不会如人们预想的那样发生变化。优秀如苹果、谷歌这样的公司，专业如波士顿咨询、奥美公司这样的专业市场研究机构，依旧会在市场调研和产品研发推广时发生诸如御苁蓉等连续失败的情况，推出 Lisa 台式机、谷歌眼镜等所有人都看好结果却失败的产品。而预料不到的黑天鹅事件的发生更是常事。对比上述环境的不确定性，创业者更加难以承受的可能还是资源。一般人认为，创业需要等到各项资源都相对成熟的时候才能行动，但往往一些职场成功人士真正走出离职创业那一步的时候，还会发现自己仍然没有做好准备。因为很多组织会简化交易成本，身在其中会让人习以为常直至不再敏感。而一旦离开，或从体制内走向体制外，个人就真的成为单个的人，大量新增的交易成本是不能通过已储备的财力解决的。更为重要的约束，则还是计划赶不上变化，当你觉得已经整合的社会关系、团队人力或是启动运营资金已经足够了，但到了真的要运营的时候，总会差那么一点点。事实上，很多创业者的创业过程就是在不断弥补那一点点的过程。当你不断地补齐一点点、成长一点点之后，回过头来看自己的企业已经又成长了不少。社会创业者尚且如此，对于大学生来说则尤甚。

所以，对于创业者真正有用的商业逻辑就是奏效逻辑（见图 2－1）而不是计划逻辑。相对来说，创业者唯一能够确定的资源其实就是自己。当你有了创业想法的时候，肯定不会先想要去写一份商业计划书，而是会问自己面对这个机会，我知道什么？我能做什么？谁可以帮我实现？至于怎么落实这个商业想法，我们回去找所有可以提供帮助的人，再通过他们去找到相关的朋友，这样一步一步通过互动和交流，才会把你的想法变得更加清晰，回过头来也让你更加清晰地认识自己。在这个过程中，你会向合作者给出承诺，也会得到来自更多团队成员和合作伙伴的承诺。逐渐地，你发现自己获得的新整合手段越来越多，资源不断得到扩张，同时对自己和团队的条件约束会越来越小，原来看似“不可能的任务”目标逐渐可以触及。当然，在现实中，这样的“手段—扩张”的过程从来都不是一次两次，而是不断循环的过程。创业者需要不断地去反问自己，重新审视自己的条件、能力和资源，不断收获新的商业手段和能力，团队也不断地壮大，形成一个有效资源扩张的有效闭环。另外，在看到自身约束条件不断收缩的同时，也会带来具有更加多元诉求的团队成员，要继续问自己我能做什么、能为别人做什么，进而通过给出承诺获得团队和资源的进一步聚合，从而循环形成一个“承诺—聚合”闭环。笔者把这个创业资源整合的过程称为双闭环结构。

所以我们可以发现，绝大多数能把创意落地、最终走向成功的项目，都是在不断调整自己和团队、调整计划迎接变化的过程中逐渐壮大起来的。总之，创业过程对于大学生来说就是一个始终在摸索探索的过程。甚至很多学生最后做出的产品和运营的模式，与一开始设计的时候完全是两回事，这种情况也经常发生。大学生创业者需要习惯这样一个始终在否定自我、调整自我从而成就自我的过程，习惯这样一种始终站在悬崖边上、随时需要解决危机的状态，正如前文所述，只有能够有效把握这种过程，主动调适自己的状态，才能成为成功的创业者。

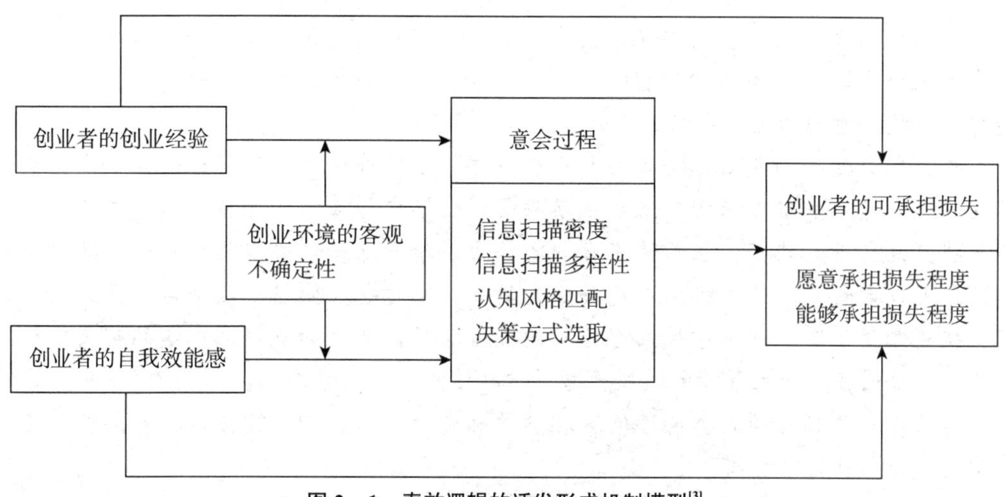

图 2－1　奏效逻辑的诱发形成机制模型[3]

案例研究作业

乡里香味：失败乃成功之母

（一）创业试水——纸上得来终觉浅

刘朋鹏就读于中国人民大学土地资源管理专业，从他的专业背景来看，似乎和创业没有什么关系。所以刘朋鹏说他的创业主要来源于性格使然。开放外向、喜欢闯荡的他在大学期间先以校园合伙人的身份做了几次“小小的创业”，例如“先花花”、达客旅行等经历，可以说既为自己赚得了第一桶金，又是一次创业营销学习过程。

比如当时做“先花花”的校园合伙人时，我们扫楼时就会带一包薯片送给扫码的人。因为当时扫码一个人，自己可以得到35元的收益。而一包薯片价格只有3元。同时，在晚上大家都很饿的时候，带来一包薯片是大家都愿意接受的，所以当时的推销还是做得很不错的。

——刘朋鹏

在做校园合伙人的阶段，刘朋鹏受到年轻拼搏的创业者们创业激情的感染，也萌生了自己创业的想法。而他的第一个实践就是乡里香味。来自河北承德的他觉得家乡的板栗鸡还是很好吃的，离家来到中国人民大学求学后，他许久没能尝到板栗鸡的美味来一解自己的思乡之情。更重要的是，他也很希望能将家乡的美食与更多同学分享。当时恰逢一次创业比赛，刘朋鹏就以这次比赛为契机，将这个想法逐步付诸实践。

其实很多地方都有不少好吃的小吃，就是缺乏一个渠道，让大家发现它们。我们做乡里香味的初衷，就是想吃，还想把家乡不出名但很好吃的美食推广出去。

——刘朋鹏

（二）创业初期——摸着石头过河

刘朋鹏创立了北京乡里香味科技有限公司，将想法付诸实践。除了板栗鸡，他还向身边来自全国各地的同学们打听他们家乡的美食，积极探索更多的产品，例如云南的鲜花饼就是他们的明星产品。

与大部分处于创业初期阶段的大学生一样，乡里香味的团队同样面临着资金缺乏的问题。于是，乡里香味团队采用了互联网线上推广与线下宣传相结合的成本较低的方式将产品铺开。比如，在“饿了么”软件上注册开店；创办微信公众号，既对一些热门话题发表评论，达到吸引人们关注的目的，同时也在微信公众平台上开设网上商店，拓宽销售渠道；利用学校的涂鸦墙向目标消费群体更加直观地展示品牌文化与产品内容。公司在第一天开业的时候，营业额就达到了100单左右。

作为大学生创业项目，同学的人脉资源也是一个推广的重要方式，刘朋鹏对这一资源也有自己独到的看法。

在你什么都没有的时候，你肯定是要靠人情的，要有人愿意去帮你。但如果别人并不是因为真正需要而去购买你的东西而只是为了帮你，有了一次以后下一次可能就很难了。在起步的时候人情还是需要的。因为你未来的生意很有可能就在人情里，没准你的大客户就是你的朋友，不要浪费。

——刘朋鹏

秉承着用产品满足顾客需求的销售策略，乡里香味并没有花太多精力进行宣传推广，而是努力打造产品质量。同时，结合大学生身边有限的低成本资源，比如微信公众号、海报、传单，在创业的初期还是得到了很好的宣传效果。

销售并不是我们本来想象的一定要用多么高深的技巧，关键在于你的产品是否满足客户真正的需求。销售就是完成一笔交易，这其实是一个你情我愿的过程。

——刘朋鹏

但是在团队建设方面，刘朋鹏觉得在前期他的团队领导并不是很成功，整个团队的执行力不高，导致这一问题的根源在于选人。反思这一情况，再选择合伙人时，刘朋鹏主要有两个标准：第一是执行力高。有足够的能力将项目推进下去。第二是选择相对熟悉、知根知底的人。这样你会知道他到底是否想创业，还是只是想搭顺风车。你也会明确他到底有怎样的技能水平。在创业初期，刘朋鹏最大的收获在于快速学习提升能力，同时也要接受结果的瑕疵和坚持经验的积累。

创业中最重要的就是这种能力。但第一次你可能只能做到你所能达到的相对满意的状态。这时你要接受你暂时的不完美，同时你要坚持不断地去做并积累经验。快速学习确实是在短期迅速掌握一种技能，但是当应用技能的结果并没有达到自己期望的状态时，不要认为是你没有能力。快速学习无法超越学习的本质规律，它只是说明你能在短期学会如何做这件事。如果要达到做好的标准，你需要做的仍是不断地练习，这是一个长期经验积累的过程。

——刘朋鹏

（三）创业困境——失败乃成功之母

在经过头一个月的快速发展后，订单量就开始衰减，营业状况陷入了困窘。刘朋鹏后来分析当时的情况，“最初的客户群都是身边的同学，大家都是看到宣传或者为了交情来尝尝鲜，但是新鲜劲过去了，大家也就不再光顾了。”他觉得，说到底，生意终究是要面对没有人情交集的市场的。这个市场的需求究竟如何，关键在于创业之前要对行业有足够的了解和做充分的市场调查。

除此之外，当市场定位不准确、企业发展出现问题时，改革不能只是简单地折中。刘朋鹏直接把特产的性质抹除，而转向零食的属性。这就导致他们平台原本的差异化不复存在，无法与其他众多的零食销售平台竞争。

之后公司的货物也就囤积在办公室里，后来由于货物堆积影响环境卫生，刘朋鹏被迫搬出。办公期间，曾经有沙拉少年等几家创业公司来借用地方一起创业，但最后结果均不理想。

谈起乡里香味创业失败的原因，他细致归纳出了如下几个原因：

（1）前期缺乏科学、客观的市场调查，误将自己所谓的需求看作是市场普遍的需求。

（2）家乡特产不是一个好的切入点，因为它不是硬性需求，不是日常品，消费频率低。另外特产带有旅游属性，在网上去买失去了它的特性。

（3）来源匮乏，没有供货渠道。来源是在阿里巴巴上批发，希望找到人合作，但效果不佳。

（4）人力不足，宣传力度不够。团队中大学生是主要的成员，这也造成了运营上的不稳定。

（5）目标顾客群定位为大学生，消费能力有限，无法形成长期顾客群。

由于多种原因，公司经营状况一步一步地陷入了窘境。一次失败的经历也反映了当下大学生创业的普遍情况——大学生由于经验和资源有限，创业成功率非常低。毕业后，刘朋鹏已经开始工作，并且工资优厚。目前他负责总公司的项目还有人大东门的串串香，以后很有可能还会选择继续创业。他觉得创业最大的收获就是创业所带来的强迫成长，以及阅历的增加和人脉的积累。

（四）创业反思——祸兮福之所倚

回顾这段经历，刘朋鹏总结了几点经验和看法：首先要明确目的，理想的情况是既是自己喜欢的，又是可以盈利的。“首先要赚钱，才可以继续走下去。”刘朋鹏不无感慨地说。在创业梦的推动下，他走出了从梦想到现实的这一步，却在现实的磨砺下，看清了想与做的区别。

其次，要脚踏实地地去做，不要空想。他说：“对创业最重要的，是要付诸实践。”他回忆道，自己曾经也参加过创业比赛，投入了不少精力，但如果是真的想要创业，是否参加创业比赛无所谓。

再次，寻找到真正的需求，只要是顾客真正的需求痛点，就不怕没顾客。针对乡里香味遇到的困难，他坦然地说，在创业之初，就应该尽力去了解市场的需求，找准

自己的定位。

最后，合伙人很重要。他的团队在创业中给了他很大的支持与动力。他感慨地说："合伙人很重要，理想的人选是既有人品又有技术。"在困难时期，所有人都需要付出很多心力，各自要术业有专攻，还要能吃苦耐劳，做许多杂事，最重要的是"心齐"。

在这条创业之路上，刘朋鹏不断地探索，经验教训和收获都颇多。在问及他创业经历中最大的收获时，他不假思索地给出了答案——快速学习、快速成长的能力。

（案例采写：王彦力、初艳吉、王睿妍、庄奕婷；修订：米壮、王超）

研究问题

1. 乡里香味项目的失败是否与创始人在创业过程中没有准备好有关？
2. 项目失败与创始人之后的后续就业经历是否有关系？

注释

[1] 陈姚. 大学生创业十问. 中国青年报·青年时讯周刊，2019-06-14，09版. 有修改。

[2] 陈姚. 创业管理的新理论——奏效逻辑打造创业行动的双闭环. 中国青年报·青年时讯周刊，2019-11-01.

[3] 张广琦，SARASVATHY S D，张玉利，樊硕. 奏效逻辑如何形成？——基于关键诱发因素的过程研究. 科学学与科学技术管理，2017，38（02）：171~180.

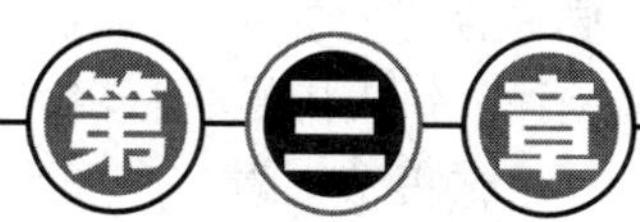

如何找到完美团队？

——创业团队的组建

西少爷创始团队的合与分[1]

2018 年 4 月，西少爷联合创始人袁泽陆因与创始人孟兵发生意见分歧，套现 2 000 万元后离开。这已经不是创始团队之间第一次公开的意见分歧和合伙人的出走了。

孟兵、宋鑫、罗高景三人是在 2012 年底的西安交通大学北京校友会上认识的。已在投资机构工作 3 年的宋鑫，早就有了想要出来创业的想法，于是通过校友会的关系认识了有技术能力的孟兵等人。三人一拍即合，2013 年 4 月，成立了名为“奇点兄弟”的科技公司。由于孟兵承担了主要的产品研发工作，因此孟兵、宋鑫、罗高景的股权比例分别为 40%、30%、30%。

公司成立之初依然做着孟兵擅长的互联网业务，孟兵和罗高景负责项目开发，宋鑫负责销售。而公司的第一个项目却很少被提及，用宋鑫的话说当时做的就是一个网页，连网站都算不上。三人的矛盾也就是那个时候开始积累的。还原很多资料可以看出，矛盾主要是创始人之间的相互指责：宋鑫认为产品本身存在问题，因此才会卖不出去，而孟兵则将责任归结为销售不力。2013 年 10 月，由于业绩实在不佳，孟兵、宋鑫、罗高景三人放弃了之前的项目，开始转做肉夹馍。袁泽陆正是在此时加入公司，形成了“西少爷”四个创始人的状态。

2015 年 1 月，宋鑫以自身股东知情权无法得到履行为由，将奇点兄弟公司告上了法庭。宋鑫表示，最终的诉求，一方面是确保自己在西少爷品牌的共有财产，另一方面是确保此前参与众筹的人拿到分红权。

在媒体报道上，大多是关于宋鑫对孟兵的“骗子”指责，还有自己被无情地扫地出门的遭遇。但在不擅长情感流露的孟兵看来，宋鑫“不能对合伙人负责是当时的核心矛盾”。在公司初创时期，孟兵和罗高景几乎每天熬夜通宵写代码、赶方案，宋鑫则以自己不会写代码为由，经常炒股，熬夜看小说、打游戏。罗高景称：“基本上是我们俩养着他一个人”。而孟兵更是“怒其不争”:“三个人合伙创业，我们都搭上了自己的前途，每天用尽所有精力……你每天看电视、打网游，怎么能够对你的合伙人负责?”

在很多人看来，西少爷内讧源于股权之争。的确，孟兵与宋鑫之间的矛盾彻底爆发，就在于一次投资细节商讨中。2014 年 5 月，孟兵以便于公司管理决策为由，在拟好的合同中提出增加 3 倍投票权，让宋鑫感到权力被削减。在僵持阶段，三人一致认为，宋鑫办事不力致使公司发展缓慢，提出 4 倍回报的方案，以 27 万元加 2% 的股份回购宋鑫 30% 的股份，但此时“西少爷”估值已达 4 000 万元，宋鑫认为其有权获得 1 000 万元。

即使在网上备受质疑和攻击，孟兵也没有太过在意。他不止一次强调:“我更多追求的是自己的梦想。”反观宋鑫，其志向则不一定在此。被孟兵和罗高景当作懒惰和坐享其成的消极行为，如“看电视”“打游戏”“炒股”，在有些人看来都是再普通不过的。面对指责，宋鑫面对媒体表现出自己的受伤和无奈:“没想到他们会把这些小事记在心上，并耿耿于怀至此。”

在孟兵看来可以上升到衡量责任感的“大事”，在宋鑫眼中却是鸡毛蒜皮不值一提的“小事”，双方的标准不一致。一边是孟兵觉得宋鑫对于公司业务发展没有带来实际帮助，另一边是宋鑫觉得自己尽了力却没有获得应有的认同，合伙人之间的矛盾在一天天的工作中不断升级。宋鑫表示很受伤:“我真是没想到我的创业兄弟为了利益，将我逼得那么惨。”

针对创始团队的分崩离析问题，财经作家吴晓波曾经指出:“最大的问题是大家对愿景没有达成共识，因为商业本身面对不确定性的挑战，一旦团队里的人对公司未来的愿景没有达成共识，就会产生矛盾。”

一、创业合伙人招募[2]

多个对天使投资的重要研究都显示，在影响天使投资人投资决策的最主要因素中，排在第一位的因素就是团队，这就是所谓“投资投的就是团队”。可见，对于一个初创公司或创业项目来说，团队的能力和背景往往超越了项目本身，成为他们能够获得资源和支持，取得长期成果的保证。那么如何才能够寻找到合适的合伙人，构建一个完美的创业团队呢?常常有同学说:“我的项目万事俱备，就差一个 CTO（首席技术官）了。有什么办法能够帮我快速找到一个技术大牛吗?”当你问出这个问题的时候，可能已经陷入创业合伙人招募的误区之中了。

（一）合伙人招募的节奏和规划

第一，把创始团队组建放到项目规划的最后来考虑会产生很多弊端。项目团队组建的过程，也是创始人塑造团队共识、形成共同目标的过程。但共识和目标不是创始人灌输给其他合伙人以及团队成员和员工的。合伙人之所以能够全身心投入创业项目之中，关键在于来自外界的启发引导与心中的创业精神、长久的创业冲动形成共鸣，从而在内心形成“心证”，说服自己从内心到行动都信服创始人的想法、信服这个创业项目的可行性，进而自然生发出如何融入项目、调动一切自身积极因素和资源去发展项目的激情，这就是所谓的“参与感”。所以，在这个环节创始人起到的是指引项目方向、启发创业意愿、激发创业精神的作用。如果创始人在找人之前就觉得自己的项目都到位了，那自己当老板单干就行了，找几个员工开工资，也不需要再找别的合伙人，因为这样做的话还需要跟他人分股份、分期权。即使有能人愿意和你一起创业，但是对项目完全没有“参与感”，只是机械地完成创始人的命令，这些能人又何必和你一起创业呢？在大企业做稳定的工作岂不更好？从项目角度来看，创始人也需要来自更多角度、更加全面的项目规划和更加立体的实现手段，而合伙人的智慧与资源是这个规划过程中非常核心的要素。

第二，合伙人招募的提前磨合和时间分配。当你觉得你的创意想法或创业项目很好，只需要一个人来技术上实现的时候，你已经承认了自己在技术上不行，也就意味着项目在技术可行性上没有得到过充分的论证。也许未来在运行的过程中会发现技术上不可行，更多的则是没有技术壁垒，很容易被别人复制、被大公司超越。所以，与其他合伙人的磨合就需要更长的时间。一般来说，创始人在项目初创时期，一般要有70% 的时间是在找人的，项目运行一段时间之后，这个比例则会有所调整，团队需要创始人投入更多的精力来和他们一起“做事”，共同攻坚。创始人应在和技术、市场合伙人充分沟通、磨合的基础上打磨产品，切勿有“万事俱备，只欠东风”的错误观念。

第三，合伙人招募也不宜过多。如果所有人都要争取发言和地位，往往就形成不了统一的意见。创业有四到五位合伙人已经足够支撑一家初创公司的运营和资源整合了，人太多就会造成人浮于事。大家都要在董事会中体现自己的存在感，就要在自己不擅长的领域发表意见，这样做容易抵消创业团队在灵活性、扁平化方面的效率和成本优势。

（二）合伙人招募的考察与融入

创始团队的组建，是创业从意识走向实践的第一步，一定要慎之又慎。如果一个创始人告诉投资人“这是我请来的技术合伙人，我们是上周在参加活动的时候认识的”，说明创始人本人对技术合伙人的了解、接触时间还很短，更谈不上彼此之间建立起了充分信任和合作的基础。这样就贸然合作成为合伙人，一方面显示了这位创始人的行为决策过程非常草率，以后也难免会在别的地方撞墙碰壁；另一方面，则显示了这个创始团队组合过程缺乏信任关系和长期协作，让投资人对他们以后的合作前景产生担忧。既然合伙人不适合也不应该在短时间内找到，那么应该采取怎样的策略呢？可以通过长期的工作接触找到公司技术部门某位志同道合的技术人才，或者定期参加一些行业专门会议，也可以认识不少专业技能与创业项目契合的专家。接下来的时间，你们可以有较长时间的互相了解、充分沟通，在大家发现有共同的价值观和奋斗心的基础上，来共同探讨一同创业的可能性。怀有很强的功利心和目的性去接触人才、引诱人才，短期内造成了以利诱人的效果，但往往会适得其反。总之，找合伙人应该找你能信任的人。合伙人不是员工，员工的流失对于创业企业来说一般不会有很大的冲击，但创业公司往往难以承受合伙人的离开或背叛，更别说是掌握了公司技术命脉或核心

商业机密的合伙人。所以对大学生创始人来说，还是最好能够在一起合作一段时间以后，再认真考虑作为合伙人加入项目中来，并妥善议定股权分配等合伙协议。

（三）合伙人招募的能力与待遇

创业合伙人“一定要找牛人”吗？其实合伙人的状态、能力就是你当时的状态、能力的投射，不要在自己都还没有准备好的时候，就妄想一定会有牛人从天上掉下来，这种情况下掉下来的很可能要么是庸人，要么是陷阱。按照以往的经验，找牛人一般要在公司发展到一定阶段之后，比如起码达到20人以上的规模的时候才需要开始考虑。这时起码有三点值得注意：一是有的创始人常常在招牛人的时候还想着省钱。少花钱办大事的思想在这个时候不见得有帮助。创始人心中往往想的是，牛人应该以低薪加入，才能够有资格成为合伙人，获得更多股权或期权。但你要想到，你给牛人开出的工资或期权收益，最多也就是打个八九折，所以这中间能够省掉的成本很有限，但如果他觉得待遇收益没有达到应有的水平，心中老是怀有一种委曲求全的感觉，那么他在遇到业务挫折或者面临更好待遇的时候，就很容易发生流失。二是创始人亲自邀请。牛人往往已经具备了一定的社会地位和业界公认。创始人亲自出面表明了创始人对于牛人渴望和尊重的态度。所以从最开始接触到最后敲定合伙协议，最好都有创始人在场。这样也能够在公司中体现出创始人对新合伙人的重视，让牛人加入之前就形成一定的气场，对牛人以后开展工作也有一定的帮助。所以切不要为了体现公司的专业性和分工负责，就把后续招募手续甩手交给行政人事部门自行处理。三是新老关系的处理。公司在发展到一定阶段的时候才需要牛人的加入，所以招募牛人进入公司直接面对的就是老人和新人之间的关系处理问题。一些创始元老难免会想，用这么大的代价和成本来招募一个新的合伙人，那是不是意味着我的技术已经过时了，还是因为我的能力不够了？有了这些想法，创始元老在工作中就会处处表明新老比较的意思，甚至故意挖点坑给新人下马威，极端不利于团队的协作和充分的沟通。笔者的建议是：在充分沟通的基础上，让全体合伙人甚至部分老员工共同参加新人的面试，让他们能够充分了解新人和参与招募的决策，进而对新加入的合伙人产生充分信任和支持。在牛人加入之前就要从团队内部为后续的人才发展战略奠定足够的协作基础和开放的文化支撑。

课堂辩论会

教师现场组织了一场围绕“先有牛人后有创业团队 / 先有创业团队后有牛人”主题的辩论会，学生可以自愿加入正反方。准备时间20分钟，辩论时间30分钟。其中双方各有三名辩手，每人轮流发言。每队发言结束后，由对方观众自愿点评10分钟。

教师在辩论正式开始前请提示并引导：

（1）谁都想创业路上有牛人相伴，但问题在于，你是否已经足够优秀能领导牛人？以及你是否已经准备好与牛人共事？

（2）创始团队成员一般不会超越创始人的能力水平，或者说一个阶段创始人能达到的思考高度和能力水平，也代表了团队所能达到的高度和水平。

（3）创业团队是否已经有牛人，但自己却没有发现？怎么样衡量创业团队自身的水平？

（4）有没有团队修炼到把自己变成牛人的可能？可以尝试找一找身边的例子，或创业成功的案例加以证明。

二、打造高效创业团队

划重点：高效团队的“八条金规”

1989年，管理学者弗兰克·拉夫斯托（Frank LaFasto）联合出版了一本在管理学界后来非常著名的畅销书*Teamwork: What Must Go Right/What Can Go Wrong*[3]。当时，拉夫斯托是卡迪那健康公司组织绩效部高级副总裁，在帮助组织建立与维持成功团队和协作流程方面有丰富经验。这本书中最广为传播的一套理论是关于认为一个高效的团队应该具有以下八项特性，笔者称之为“八条金规”：

（1）清楚而令人振奋的目标（a clear, elevating goal）。高绩效团队应有清楚易懂的目标等待完成，而且这些目标可以使成员相信最后一定能得到很有价值的成果。

（2）以结果为导向的团队结构（results-driven structure）。这种团队结构包括：清晰的角色与责任、有效的沟通系统、侦测个人绩效及提供回馈的方法、侧重以事实为基础的判断。

（3）有能力胜任的成员（competent members）。团队要成功，重要的因素是慎选团队成员。成员应具有两项必备的能力，其中技术能力（technical competencies）是任何团队最起码的能力要求；而个人能力（personal competencies）则是个人沟通、陈述及解决问题的能力。

（4）一致的共识（unified commitment）。成员要认同团队所要追求的目标，并能达成一致共识，为实现目标贡献自己的热诚及努力。

（5）合作的气氛（collaborative climate）。团队合作是一个成功团队的必要因素。要塑造良好的工作气氛，应该要注意的要素有：诚实、开放、尊重及言行一致等。

（6）卓越的标准（standards of excellence）。团队的绩效需要全体团队成员的努力，要想造就卓越的团队，必须要有一个明确而有意义的标准，团队才会因高标准的压力而更加努力。

（7）外界的支持与认同（external support and recognition）。团队不仅需要外界在资源方面提供协助，同时也需要外界认同团队的成就。

（8）有效的领导（principled leadership）。有效的领导者不仅有助于团队合作，还能够使团队乐意跟随，为组织的愿景及目标共同努力，同时也能使团队积极为组织的变革进行规划、设定议程。

创业团队如何成为一个真正的“高效团队”，各类成功学甚至伪科学的方法“铺天盖地”。真理往往蕴含于朴实话语之中，用创业团队的标准来反观上述八条金规，细细品味就会发现，任何一个团队要真正做到都并非易事，但凡是成功的创业团队确实都基本达到了这样的要求，因为弗兰克·拉夫斯托的总结是基于对 6 000 多名团队成员的研究而形成的。[4]

（一）明确梳理团队目标

越简单的要求有时越难实现，第一条金规强调要有一个清晰易懂的团队目标，这看起来很容易做到，但往往很多创业者并不能将自己的创业团队的目标进行清晰的梳理。创业是有潮流和风口的，但并不意味着踩中风口就一定能成功。很多创始人在宣讲商业计划时，非常喜欢套上大数据、区块链、人工智能等时髦的风口概念，让自己的创业目标看似“高大上”，以此作为招揽团队和吸引投资的噱头，但真的要做的项目就是传统制造业、教育培训甚至餐馆。这样的公司战略和使命设计，事实上造成了一种对团队目标的误解。而成员个体的目标误差，必然会影响整个团队的绩效，很难让团队形成一致行动和信任基础。

（二）始终强调结果导向性的使命

以结果为导向是决定团队使命根基和价值取向的根本性问题。从中国管理的经验来看，很多类型的组织或团队并不是以结果为导向的，而创业团队恰恰又最需要这种导向性。初创团队能够存在的最基本的前提是生存下去并取得盈利。基于此，每个团队成员就可以设定清晰的组织责任、进行有效的沟通，进而对每个团队成员的业绩进行评价反馈。最后需要的是以业绩事实、实际效益来衡量团队的产出，而不是用家族关系、朋友感情或者很难以衡量的主观投入度等初创期最容易影响评价的外部因素。

（三）正确处理团队内部关系

金规第三到第六条反复指向团队内部成员个人和成员之间的关系。如何找到并选择完美的团队？胜任力是分成两个层面的，一方面固然是适合团队或企业开展业务所需的技术能力，但这只是起码的要求，就像互联网创业团队必然会配备技术合伙人一样。但更为重要的则是个人能力，“个人能力”显然不是平时我们所说的业务能力，而更偏向于指成员所具备的社交能力、沟通表达能力和独立解决问题的能力，更准确地说是基于业务的综合能力，超越一般的知识技能，考验人才的综合素质。所谓“产品好做、产品经理难寻”说的就是这个道理，技术合伙人如果空有技术、工作中很难融入团队的话，一般都很难长久。

有擅于沟通、情商高超的成员，就更有利于达成团队共识。所谓团队共识，就是每个团队成员都能够理解并接受的创业追求和团队诉求，并能够为之贡献力量以达成目标。我们看到的创业案例中，有的因创始成员愿景不一、利益诉求不同，导致团队分歧，最终分崩离析（典型的如西少爷的创始团队）；或者是技术人员埋头研发，跟不上市场节奏（典型的如摩托罗拉的铱星系统）等。这些都是由于共识基础的问题而造成的。当然，良好的工作气氛是团队工作的必要环境，在直接推进业务的同时还间接塑形了公司的文化。有的知名互联网企业拥有宽松的环境和友好的氛围，比如上下班时间自由、不用固定工位坐班，甚至可以带宠物上班。其实，这些都是表面上的形式，像谢尔盖·布林和拉里·佩奇这样的企业家更加看重的是始终保持一种坦诚、包容和开放的氛围，激励团队生产出更多颠覆式创新和突破性成果。

（四）科学设计团队管理标准

第六条金规强调的是管理标准问题。现在有些创业公司关注个人绩效而忽视团队绩效。也有人认为初创公司就不需要太过严格的考核，不需要 KPI（关键绩效指标）。这些都是关于绩效管理的误区，虽然现在我们回溯一些著名企业（如华为）的历史发展进程，确实有不采用 KPI 管理的例子。但深入下去，就会发现必然会有一些别的团队绩效管理指标也在推动创业团队的管理。当然笔者同时需要指出的是，KPI 考核的方法不一定适合初创公司，所谓“卓越的标准”一定是适合公司发展阶段的标准，并非最复杂的、最严格的就是最好的。

（五）整合发展团队外部关系

创业团队发展进步的基础就是不断地整合内外部关系，团队的发展尤其是创业团队可能更加需要靠外界来提供资源及协助。创业者在招募团队时一般都会考虑一个很重要的影响因子，就是每一位团队成员能够带来的外部资源，并进而给团队成员以承诺和支持。但需要指出的是，正如第八条金规所强调的，外部资源必须要形成对团队发展、产品价值乃至创意想法的认同和欣赏，否则内外部之间就很难形成互补或激励。比如说，有的技术型创业团队会非常看重销售 / 财务人才，在招募过程中往往会给予更多的股权或激励承诺。但值得注意的是，从事不同细分市场的销售经验完全不同，过去的销售业绩不一定适合你的创业产品，而专业人才的财务管理技能、融资管理能力也并不见得就比不上那些号称“带资入场”的人。

（六）着力构建团队领导力

所有的团队构建问题最终都会落实到领导力的层面。如何做到有效的领导，而不是强力的领导、全方位的领导，或形式上的领导？创业团队中，领导者的重要使命是塑造愿景，并引导团队成员围绕目标形成团队效应。同时，创业型领导者每天要面对的当务之急，是在环境的高度不确定性和资源的高度约束性背景下，如何随时调整团队或组织的结构，根据企业发展阶段、业务发展态势和运营现场态势，制定出最直接、最具体的流程方案，指导团队集中主要精力、抓住主要问题并快速解决问题，也就是所谓的“设定议程”。对于创业团队有效的领导，是管理学上“魅力型领导”和“变革型领导”的集合体。

（七）正确处理团队的互补性和相似性问题

选创业伙伴，是找那些学历背景、社会经历或性格特征、志趣爱好都比较相似的人，还是要刻意去寻找平时可能不在朋友圈中，却与你的知识技能、行为风格都差异很大的人呢？笔者认为，一个知识、技术和经验相对互补的创业团队，最有利于创业企业的发展。

大学生创业更多还是喜欢在熟人关系特别是同学关系、宿舍舍友中发展团队。这样也许可以快速经过初始阶段的团队磨合、共识形成过程，但却并不足以提供长远支撑创业的人力资源基础，后续很快就需要进一步调整团队，所以更应该注重互补性。同时，更有领导力的创始人则应该寻求一种平衡，也就是在知识、技能和经验方面更加注意团队成员之间的互补关系，而在个人特征、创业动机等方面寻找相似性的伙伴。

试试几个来自美国公司的创造性团队游戏[5]

1. “我想认识你”

教师准备气球和带子等材料，给第一次分组之后的学生团队作为开场游戏。每个小组都可以按照自己的需要，分得一些气球和带子，以设法去建造一个气球塔。气球塔的造型没有特别要求，关键看哪个小组建得最高，气球塔的高度就是团队的基本得分。但是气球和带子要根据团队提前设定的建造计划领取，领得多了但最后发现没有用到的，或在制作过程中破掉的气球会被扣分，计入团队的最终成绩。

这是一个必须真正以团队的形式工作、分享操作理念并付诸实施的游戏，游戏目的是帮助团队体验、锻炼如何实现平衡、信任和团队合作。同学们可以体验团队工作的感觉，尤其是当此前彼此并不熟悉的人组成小组时。同时，可能还会产生许多关于如何将游戏中学到的东西应用于学习或工作中去的创意。

2. 做一瓶专属葡萄酒

针对已经在创业的学生团队，教师可以推荐更加关注创始人之间信任感的团队建设游戏。团队需要自己压榨一些葡萄原液，共同努力酿造出属于自己的葡萄酒，还要设计标签，并提出营销方案，所有这一切都会在竞赛的最后被展示出来供评判。活动的结果是每个人都可以带着自己酿造的葡萄酒回家。当然，教师可以结合季节、环境等因地制宜，把葡萄酒制作调整为酸奶 / 奶酪等产品制作和销售。整个游戏一般要延续两到三周时间，关键环节需要团队用视频进行记录，并在最终汇报时展示。当然，产品的口味是最后决定团队得分的重要依据。

这个游戏的要旨在于明确地与参与者的工作相连接，而且参与者能理解在活动中培养出的技巧如何转化为工作中的习惯。为了实现这一点，每一次团队建设体验都必须进行战略性的设计，头脑中要有明确的目标。游戏可以帮助创始人之间真正把精力聚焦于手中的任务上，为了共同的目标一起努力。葡萄酒酿造计划是一般人不太熟悉的事情，对建设有效的工作关系非常有用，因为团队成员要彼此依赖以完成任务，从而打造出更具生机以及协作能力的团队，以形成不同的工作群体，相互之间可以像顾问一样提供建议。

三、应对不确定性的团队赋能[6]

中国管理者往往认为上下层级分明、命令执行自上而下的组织是高效而正规的，导致越是创业公司越有一种科层化的冲动，好像觉得把组织机构设计得异常复杂、每个人都有个头衔、有个上下级就是企业发展的应有方向。这种传统既与中国传统文化和管理思想源流有关，也与世界上第一位管理学家泰勒开创的科学管理经验一脉相承，即通过层层授权的严密组织以实现早已精心设计的目标。但在当今时代，无论是业已成功、资源丰富的大型企业，还是小团队组成的创业公司，不确定性已经成为各类组织面对的最重大的挑战；而如何为团队赋能以应对不确定性，对于创新创业者来说是更为重要的职责和挑战。

（一）提升韧性和保持活力

无论是传统组织还是新创企业，首先需要的是韧性，把组织重新布局以应对未知的世界，而不是纯粹为了追求效率而限制团队的敏捷性和灵活性。应对不确定性，要求的是根据发展环境和组织使命的变化调整自己的组织架构，而不是简单地复制某个企业或某类企业。同时，更重要的是在调整布局和变化结构中，不再推崇“刚性”，而是强调“韧性”，以结果导向来随时调整阶段性目标和任务分工、人员组成，面对随时而来的冲击而不致崩溃，在关键时刻又能够集中所有力量和资源于关键点上“一击必胜”。

创业公司组织的活力体现在能够运行适应行业变化节奏的“小团队”，10～25 人规模的公司做到这一点不太难。难在如何做到不随着规模化的进程而丧失活力，比如 50 人的团队管理就有点难了，超过 100 人的就已经很难做到按照一个团队来管理了，最好的方案是创建一个由这样的小团队构成的“大团队”。

（二）建立互信和目标共享

前美国联合特种作战司令部指挥官、美军四星上将斯坦利·麦克里斯特尔在其《赋能——打造应对不确定性的敏捷团队》中提出“创建和维系一支团队须两手抓：管理的‘看得见的手’和自发的‘看不见的手’；前者将所有的因素捏合在一起，后者则指导着团队的工作”[7]。“看得见的手”源自阿尔弗雷德·钱德勒对“管理”的比喻，其对应的正是亚当·斯密“市场是一只看不见的手”的著名比喻。作者以美军海豹突击队

的训练为例，强调所有的训练要达到的目的就是让成员之间形成互相信任和自发智慧，让团队在各种随机的情况下，依然能够“正确地做事”。因为面对错综复杂的世界，实际上已经没有任何一种组织或训练是可以应对变化的“万全之策”，能“包治百病”。因为他们发现在现代战争之中，只要打响了第一枪，实际作战情况就会迅速偏离计划，即使“最好的技术和最棒的情报手段也无法告诉你有可能会发生什么”。

创业团队也需要建立这样的理念，即我们可以事先制订计划或备用方案，但是当这些计划遇到现实运营难题的时候，“每一秒钟都有可能因不同的变化产生无数分叉……哪怕最完备的备用方案也会变得毫无用处”。只有通过互信和坚定的目标形成团队一致性，所以基于这样的理念和设定，美军才能在击杀本·拉登的过程中，没有因为着陆时一架直升机的坠毁而影响行动实施，他们很快就重新集结，建立了一条与原计划不同的行动路线，直至完成任务。

（三）有体系思维和共享意识

创业团队所需要的，不再是传统泰勒式工厂中只知道某一道工序而不知道生产什么产品的员工，体系思维要超越的就是团队或组织之间互为信息阻隔的壁垒。随着初创公司业务规模超常规发展，小企业很快就会患上“大企业病”，各个条线各自为战，组织越来越严密但隔阂界限也越来越深。所以创业团队要比一般的成熟企业更加强调成员或员工的体系思维能力。以往经常看到的是，团队负责人对项目整体情况和发展思路侃侃而谈，几个合伙人还算能够大致了解项目的发展规划，但到了员工层面就只知道自己的那些事了，这样的团队注定无法完成远大的使命。一个创业者或创业团队成员必须对创业项目整体有最基本的了解，这样才能够把自己的那一部分业务工作做好，所以这里强调团队内训的重要意义。不要把培训目的定位为一种“熟练工人”的培训，比如单一的动作、业务的流程，而是让培训员工参与到团队的协作和沟通之中，深刻理解团队的运作机理。

应建立一种充分沟通、共享信息情报的机制，例如，公司可以选择大办公室而不是小开间式的办公环境，每一次部门会议都留下座位让客户或非本部门同事参与讨论，让不同部门、不同机构之间互派联络员。领导者则不需要为了显示自己的权威或存在感而提出诸如“××有多少”之类的刁难性问题，需要的是互动性的、发散式的讨论，比如“你为什么这么认为”，让员工“获取新的视角”，增进团队内部和团队之间的“相互理解”；同时在不确定的环境下给予团队和员工充分的信任和授权。

案例研究作业

Keep 王宁的创业之路

2013 年 10 月，身高 1.76 米、体重 180 斤的王宁意识到自己的形象不利于找工作和女朋友，走路也喘得厉害，于是就开始减肥，他没钱去健身房请专业教练，就在知乎、贴吧等地方搜集健身干货，摸索着练习，10 个月减肥 50 斤。他发现，有关减肥的视频、文章更新很慢，而且要找到优质内容如同大海捞针，也缺乏系统性。知乎、豆瓣、贴吧的各种减肥组里的人也有这种困惑，如果有App聚合各种减肥信息就好了。王宁决定试试这件事。

2015年2月，Keep上线。从上线到收获100万粉丝，Keep只用了105天。第921天，用户数量破亿。

（一）"埋雷"+内测 积累第一批用户

在冷启动阶段，如何把用户从0做到数万甚至数十万，王宁团队采取了"埋雷"的做法。2015年1月，当时Keep针对的目标用户集中，就是运动或者减肥爱好者。他们找的这些目标用户分散在知乎跟运动健身相关的问答、豆瓣小组、减肥吧、健身吧、微信群和QQ群里。这些渠道里的用户对健身方面的话题关注热度很高，于是王宁就带着两三个运营人员深挖这些渠道，写一些健身、减肥的帖子。

这些帖子丝毫不提Keep，就是专注于运动健身的干货。当时互联网上相关的高质量的内容不多，因此在社会化媒体里聚集了很多粉丝关注。做了两三周，王宁团队拥有了一定的话语权和影响力，Keep也上线了，Keep运营团队再在帖子里提到Keep，推荐这款"新上线的、挺不错的、几乎解决了所有事情"的App。尽管有广告色彩，但因为运营团队埋了很长时间的"雷"，分享了很多干货，获得了大家的信任，因此在Keep上线初期，所有目标论坛和群里都在讨论它，在Keep用户的核心群体里，Keep一下子就火了。从2015年1月Keep运营团队开始"埋雷"，2月上线点燃之前埋的"雷"，几乎每天新增上万用户。这样，Keep获得了第一批用户。

除了"埋雷"，王宁他们还做了另一手准备——组织内测活动。他们在新媒体上招募了一些内测用户，原计划是想邀请400人参加内测活动。出乎意料的是，内测包发出去之后，这近400人迅速把它推广给了好几千人。产品还未上线前，Keep就已经有4 000多个注册用户了。

这4 000多个注册用户迅速爆发推广。4 000内测核心用户加上我们在新媒体里面埋的"雷"，两股力量一起往前推进，就走到了今天。

——王宁

除了运营，还要产品本身的力量。积累了20万用户后，Keep在商店分类榜5～10名的位置上下波动。苹果的编辑注意到了Keep，在商店首页做了推荐，一下子用户量就上来了。Keep是2015年苹果App商店年度精选，在大中华区苹果零售店摆的iPhone里全部预装了Keep。

现在很少有人认为你买了一个LV包在朋友圈、微博里秀，就觉得你非常厉害，反而是在微博里面秀马甲线，别人才会觉得这个人是真的厉害。

——王宁

雪球要滚得大，需要雪下得大、下得厚。王宁站在了消费升级、注重健康运动的大势上。中产阶级起来了，大家对运动、对身材有了追求。王宁认为Keep能走到今天是因为：第一，产品足够简单。Keep 1.0就只做一个功能——简单的运动视频，让用户动起来。第二，产品保持足够好的调性，不管是UI的调性，还是运营调性，王宁希

望年轻人使用 Keep 是给自己贴上年轻时尚的标签。

（二）实习时结识合伙人

2012 年，王宁加入猿题库实习，见证了猿题库从 0 到 1 的过程，他带着 150 个实习生团队做新项目猿题库高考，从找房子、装修、招聘到管理这 150 个人的衣食住行，王宁积累了管理经验。

你可以理解为在运营一家迷你公司，除了技术部门没有接触，其他都做了。

——王宁

在猿题库实习时，王宁也不断摸索出一些技巧，小到 CEO 怎么给员工写邮件，大到公司如何做战略决策，他会去分析 CEO 为什么这么做。创业之后，王宁认识到猿题库的 CEO 踏实、有魄力，在项目不好的时候快速转型。

这一点魄力和胆识很厉害，很多创业者很难割舍原来的成绩，哪怕只有一点点。

——王宁

猿题库的实习经历也让王宁收获了他的合伙人彭唯。彭唯是猿题库的产品经理，王宁觉得他和彭唯价值观相似，性格、做事风格又能互补。早期创业公司，产品技术、市场运营做好了，就能把产品做出来。

我的优势在团队整合、市场、运营上，彭唯的强项是产品、技术。

——王宁

除了彭唯，还有王宁的一位大学同学、一位朋友加入技术团队，4 个人的草台班子就开始做 Keep1.0，花了两三个月时间、二三十万元开发出来，靠着朋友推荐获得了泽厚资本 300 万元的天使投资。

在前期，王宁花费了更多时间在找团队上。他阅读了大量创业相关的书，意识到团队最重要，需要他信任团队，团队也信任他。他不断筛选身边的人，与他们深度接触，像沙漏一样，一层层筛选，确定一两个人，合作一段时间。

在做 Keep 的过程中，王宁对团队管理最大的感悟是，彼此的信任非常重要，就像夫妻之间的信任一样。早期，王宁与彭唯分工不同，王宁负责市场运营，彭唯负责产品技术，两人在前期会进行充分的讨论，达成一致后，王宁就充分信任彭唯可以把这件事情做好。他觉得只要方向是对的，没有必要在细节上干涉合伙人特别多。

既然你选择了这个人，那就证明他值得你信任。

——王宁

王宁是充分放权的人，他信任自己选择的人会做好事情。这位90后CEO很有危机感，包括他的合伙人，他们很害怕自己成为这家公司的天花板。他对于人力部门的要求是每个人投递简历都必须回复。现在人力资源总监黄晶晶他们每天要回几十封简历。

比如我们做了融资，可能这个消息出来的时候，每天是几百封简历过来，对我们来说工作量是非常大的，但是即便如此，我们仍然是这个要求——每封必回。

——王宁

王宁心细，有人情味。在 Keep 员工的眼中，他是个全能选手，组织大家聚会、做饭、跟物业打交道、发工资，甚至修空调都会。行政总监张梦说：“他是一个很舍得在员工身上花钱的老板，但又不乱花。”公司员工使用的都是Mac电脑，有一次京东做促销，王宁借了好多同事的手机下单，自己付款采购。Keep每年都有出境游，第一年去泰国，第二年去日本北海道，王宁私下嘱托张梦给大家都买一份白色恋人饼干，连Keep的保洁阿姨都有。

（三）分阶段收获投资青睐

这款快速获取用户的App也吸引了投资人。Keep成立初期即获得泽厚资本300万元的天使投资。2015年5月，贝塔斯曼和银泰资本领投A轮500万美元。7月，完成GGV 1 000万美元B轮融资，2016年5月，完成晨兴资本和GGV 3 200万美元C轮融资。

GGV管理合伙人李宏玮看好消费升级、体育健康产业发展的大趋势；Keep可以打破时间、空间的局限，让健身更便利，之后可以从工具走向社区、走向电商。她不担心Keep的货币转化能力，她关注的是它现在切入的这个点是不是足够好、足够深，可以导入你第一批的用户。李宏玮认为王宁虽然年轻，但是学习能力很强，选择投资人王宁是思考过的，什么时候选择什么样的投资人，需要投资人有什么资源，王宁做了GGV尽职调查后，喜欢GGV的调性。

如果没有那两位大哥给我那一笔钱，信任一个毛都没长齐的小孩出来做这个事情，可能就没有今天咱们坐在这里交流。

——王宁

王宁认为每个投资人在不同阶段给予的帮助不一样。A轮是关键的分水岭，决定创业公司到底能不能上岸；B轮就要往更加正规的方向走。

天使和A轮的投资人，他们确实陪伴我完成了0到1的事情，而且他们送到1的时候，他们知道自己应该是默默地站在1，以祝福的态度让我快速去走。

——王宁

而GGV就是帮王宁做1到10的事，从李宏玮身上，王宁得到了很多帮助，包括对融资的把控、团队运作、期权分发等等。李宏玮跟王宁说过，GGV没有投过失败的CEO，这种信心和决心给了王宁很大的鼓励。B轮GGV并不是出价最高的人，但王宁坚信他的选择是对的，因为GGV对他的帮助不是一两百万美元的事情。

研究问题

1. 结合团队组建的“八条金规”，谈谈Keep在创业团队组建的过程中有哪些值得总结的经验。
2. 王宁作为团队创始人，在制定企业战略、组建团队、管理实务、融资等方面体现了怎样的领导力？这些对在校大学生的学习和就业有哪些可以借鉴的地方？

注释

[1] 西少爷：一个肉夹馍引发的“血”案反思?. https://www.sohu.com/a/164236

394_99908257.

[2] 陈姚. 如何规避创业合伙人招募的三大误区. 中国青年报 · 青年时讯周刊，2019－11－15.

[3] [美] 弗兰克 · 拉夫斯托. 团队合作：对错之间. 上海：上海财经大学出版社，2004：78.

[4] 陈姚. 如何构建完美团队创业者和创业团队组建的八条金规. 中国青年报 · 青年时讯周刊，2019－11－08.

[5] [美] 南希 · 曼 · 杰克逊. 创造性的团队建设活动. http://magazine.cyzone.cn/article/197542.html.

[6] 陈姚. 赋能团队——打赢不确定性之战. 中国青年报 · 青年时讯周刊，2019－11－28.

[7] [美] 斯坦利 · 麦克里斯特尔. 赋能——打造应对不确定性的敏捷团队. 北京：中信出版社，2017：131.

创业经费从哪里来？

——创业融资和财务规划

19 岁“天才少年”掀起投资人“抢人高潮”

他，13 岁时，已将家附近图书馆的书看了一遍。15 岁时，已被西安交通大学少年班录取，一年赚取了四年学费。16 岁时，和朋友创办了第一家公司。18 岁时，获评 2020 年度 30 位 30 岁以下创业新贵。他就是“金镶钻”散热材料的创始人潘远志。四位投资人全部留灯、卫哲“放大招”强势抢人，这是年仅 19 岁的潘远志在苏州《创赢未来》第四季留下的“满分答卷”！

究竟是一位怎样的“天才少年”，深受投资人和助力团的一致好评？潘远志从小就是大家口中的“别人家的孩子”，他自幼酷爱阅读，练就了速读技能。因为被西安交通大学少年班素质教育、能力教育和具有创新精神教育的优势所吸引，15 岁时，他毅然选择了西交大少年班。然而，在少年班前两年是预科，没有专业。

颇有远见的潘远志从预科一年级就开始创业，而他在创业过程中深思熟虑，发现很多事情都离不开人工智能技术。就比如最开始的时候是给一些国有企业做企业内训，需要做一个大数据系统来记录每个人的课程、上课表现以及课程规划。这是教育行业的人工智能。正因为自己的经历以及了解到的其他一些公司的情况，潘远志觉得人工智能是应用在方方面面的技术，所以他顺理成章地选择了西交大少年班的人工智能试验班。

创业忌讳“纸上谈兵”，他把想法付诸实践。大学生创业本身就不是一个轻松的话题，很多同学停留在萌生想法的阶段，能够真正迈出这一步并取得成功的人少之又少。正如潘远志在台上所说，他们班里创业的就他一个。也是机缘巧合，潘远志参加了西安交大在苏州独墅湖科教创新区举办的创业夏令营。在夏令营里，他碰到了来自各个学校的创业小伙伴。在和他们交流的过程中，慢慢地去接触创业。

而真正付诸实践的是因为预科一的时候，在反复学习中，潘远志产生了一个很好

的技术想法，但是他并不想局限于“纸上谈兵”，他希望把一些技术真正地变成产品，真正地让人们去使用它，让它变成一个对社会有用的东西，而不仅仅是作为一些文字停留在纸上。

于是，潘远志 15 岁开始了人生的第一个项目，通过做培训赚到了第一桶金，而后接触到了医疗器械，创办了第一家公司。他将医疗器械领域的一些技术转变成了产品，并做完了用户试验、技术实验等。但后面的一些事情，比如涉及械准字号以及推广方面的事情，由于自己非常没有经验，所以将项目转给了更加适合此项目的师兄……

而被投资人哄抢的“金镶钻”，究竟是一个怎样的项目呢？众所周知，设备散热问题一直是困扰技术宅的大难题，而研究表明，利用钻石特殊的分子结构，可以充分起到散热作用，所以这也是制作芯片散热板的最佳之选。潘远志的公司在比食用盐还要小的钻石颗粒表面镀上了一层铜膜，使得它的导热率更高，比起国外的同类型产品还要高出 22%。

生产工艺主要包括陶瓷基板金属化、粉体表面改性、粉末冶金。项目针对不同的基体材料和焊料会设计生产不同的金属化方案的散热板。这项技术填补了国内市场的空白，同时也打破了国外的技术垄断。在达成意向融资后，潘远志现正在和投资人紧锣密鼓地敲定投资细节。

一、创业融资的准备和步骤[1]

天使投资（VC）圈有一句俗话叫“成三败七”，说的是风投投资的企业，往往是有七成左右会失败，最后成功的只有三成而已。而财务失败在初创企业的失败中占据了非常主要的原因，甚至很多直接导致企业失败的原因背后，诸如创始团队分裂、后续研发不足等也有财务的间接因素。那么，作为初创企业重要的财务资本来源，有哪些融资陷阱是需要我们注意的呢？

第一步，认清内外融资环境，树立正确的融资观念。创业者为什么要融资呢？融资就只是因为缺钱吗？很多大学生创业者在这个问题上理解很片面、狭隘。其实绝大多数大学生的初创项目在启动阶段并不缺钱，通过亲友资助、自身积累乃至借贷都可以把项目先运作起来。而真正需要 VC 进入的时候，一般商业模式已经得到了印证，或是获得了小规模的市场及盈利，需要进一步投入以扩大市场份额。换句话说，VC 进入的时候“项目已经跑通了”。

得到专业的 VC 投资，拿到手的不仅仅是资金，更是一个共同发展、价值共创的机会。对于 VC 自身来说，如果投资的资金用于借贷，可能获得更加稳定的收入，但为什么要以股权投资的形式加入你的企业呢？当然是在风险控制的前提下以获取更大的价值，用固定的资本投入创造出更丰富的溢价收益。所以，在融资前掌握自身的实际情况与行业竞争对手的情况，关注自身资产负债率，最好不要为了融资增加企业的经营成本与风险，还要树立“信守承诺，讲求信用”的品牌形象，保证良好的融资心态。

第二步，确立合理的公司愿景和发展目标。融资不是公司发展的最终目的，创业融资的主要目标是什么，最终发展的愿景又该如何实现，才是创业公司应该关注的。愿景的实现，不仅仅是依靠引资，而是要链接投资者的利益与创业公司的未来发展情况。一场成功的融资应该是能凝聚投资方与创业公司的资源与力量，形成利益共同体，一同发展与实现最终愿景。

第三步，做好创业计划书，有效吸引投资人。创业计划书围绕企业面临的机会，就影响企业发展的条件做出合理、充分的分析和说明。创业计划书的主要目的是吸引投资者，主要应该注意以下几点：阐明产品功能、描述竞争对手现状、做好财务预测、明确合适的融资目标。一份优质的创业计划书可以直述主题，融合了充分的市场调查和广泛搜集资料的内容。这代表着一家创业公司的门面，也在很大程度上影响着创业公司融资的成败。

为融资撰写创业计划的本质，就是融资之前创业者对自己融资优劣势的分析。无论是银行、投资人还是亲友，凭什么选择给你投资而不是别人？换一个 VC 最喜欢的关键性问题，也就是“这件事为什么你能做成而别人不能？做同样的事你有哪些比别人更大的优势?”无论是编写给投资人看的商业计划书，还是面对面进行投资路演，都要重点说清楚这个问题。你的企业或产品要能够讲好一个故事，要成为某个风口或赛道上典型的代表，这样投资者的投资行为才会得到较高期望的回报。所以要梳理清楚项目的技术壁垒高不高、增长潜力大不大，需要用数据和路演予以证明，同时也要表现出你和团队的独特优势，让人感受到你们创业的决心、协作的精神和专业的实力，不论干什么都会取得成功。这些都是初创团队可以用来与投资人博弈的资本。

同时认真严肃地对待自身的融资劣势问题。有人说创业公司是“三无公司”，指的是公司无抵押能力、无信用记录、无信息透明度。这种说法虽然略显夸张，但是在要将真金白银从口袋里掏出来的投资人眼里，绝大多数创业公司差不多就是这样的状态。首先，科技创新不确定性非常高，实验室样品和成熟商品之间可谓“天壤之别”。投资界关于“成三败七”的说法不是没有根据，大多数科技成果转化型的创业公司最终都没能盈利，其实主要就在于团队的公司运营能力和商业化能力太弱。其次，创业企业的信息不对称程度也较成熟企业或二级市场的投资高出太多，投资人需要考虑的是各种随时可能导致公司陷入停滞、分裂乃至破产的情形。比如创始人突然要离婚、合伙人不团结要分家或者有些历史旧账尽调的没有发现等等。而像财务数据业务不连贯、记账不规范等问题就更是司空见惯了，导致获得公司运营的真实数据都很困难。当然对于初创企业来说，还有更致命的硬伤：资产结构中无形资产比例较高，像知识产权等价值和收益都很难量化和评估；受限于公司人脉少、固定资产比例低，在融资方面缺乏有效担保。这些都需要创始人在融资路演的过程中做好相应的解释准备。出现这些问题时，心里不用紧张，告诉自己上述这一大类问题都不是第一天出现在创业企业中，也不是第一次出现在 VC 的投资经历中。如何科学合理地予以克服，给出合理的解决方案，方能体现出创始团队的管理水平和应变能力。

第四步，选择合适的财务顾问，科学规划融资行动。处于初创期的技术型或知识产权密集型的企业，一般管理团队中以技术背景为主的人才比例较高，在投资谈判、经营管理方面经验比较欠缺。技术型人才与投资方或银行沟通都有些困难，更别说能

够争取到有利于团队自身的融资条件了。面对这种情况，创始团队应该更多地寻找专业的投资顾问或者创业前辈寻求帮助，而不是一条道走到黑，非要拿自己的短板去硬扛投资专家。

融资涉及大量的财务问题，创业公司如果想要对融资这一系统工程拥有十足的把握，就应该找一个专业、合格的财务顾问，财务顾问应具备相关行业的融资经历，能够担保公司成功融资，且费用不能太高等。通常情况下，创业公司融资涉及的财务问题主要有："融资前期，在企业的授权下，财务顾问制定详细科学的创业计划书、公司简介以及企业的财务预测、筹措资金的用途安排；然后，财务顾问安排公司与潜在的投资方洽谈，潜在投资方进行初步调查；当企业和投资方达成初步合作意向之后，双方在财务顾问的参与下协商合作条款并签订融资条款；最后，在财务顾问的主持和会计、律师等人的配合下，投融资双方起草投资协议、签署相关法律文件。"[2]

第五步，做好融资诊断与评估，合理确定融资渠道。在根据自身需求与财务状况作出合理的融资额与融资成本的基础上，细化适合本公司的融资渠道策略，了解具体投资基金和投资人的投资喜好。除此之外，创业公司还可以针对投资者特点制定不同的融资方案，最终依据企业自身的风险状况及投资的风险偏好来选择投资者。

划重点：与投资人谈判的技巧[3]

被誉为硅谷创业之父的保罗·格雷厄姆（Paul Graham），是美国著名程序员、风险投资家、博客和技术作家。1998 年，他以 5 000 万美元价格将自己创建的、可帮助他人快速开网店的 Viaweb 公司卖给了雅虎。2005 年他与他人共同创建了全球最著名的创业投资公司之一 YC（Y Combinator）。YC 先后投资了数十家创业公司，著名的包括 reddit、Justintv 等。YC 公司的新闻网站 Hacker News 成为访问量最高的技术新闻信息来源之一。格雷厄姆在长期辅导创业公司发展的过程中，看到了很多投融双方的问题，并将创业者与投资人谈判的小技巧总结如下：

一、对待融资问题时，最好的办法是自我洗脑：投资人一定会让你失望的。融资是一件非常困难的事情，降低期望值就是最好的心理准备。

二、即便你今天一整天只有一个投资人会议，但不知道为什么，这一个会议就可以把你整天的精力都吸光。它吸走的不仅仅是开会的那几个小时，更是整个去的路上、回来的路上，以及去之前的准备时间和回来后的反思时间。

这是在融资过程中很多创业者都会遇到的问题，创业者经常会因为忙着融资的事情而无暇顾及公司的事情，这里创业者就犯了一个本末倒置的错误。对于创业而言，自己的企业是第一位的，把约见投资人的时间放在你正常工作之外的时间，对待企业尽责的态度也是投资人愿意看到的。

三、如果你有一个对你感兴趣的投资人，要么就让他现在立刻投资，要么就跟他说"谢谢""再见"。而且除非你们当下不差钱，不然给他们的答案也只有一个，就是现在立刻就投。你需要见很多投资人，不要在只是对你的项目感兴趣的投资人身上浪费太多的时间。

四、不要回答投资人的两个问题：你还在跟哪家投资机构谈？你打算融多少钱？

因为对于第一个问题，没有投资人会期望你说真话；对于第二个问题，应该去展现企业未来的规划所对应需要的资金，而不是回答一个数字。

五、为实现收支平衡的价值在于，首先展示了你在思考赚钱这个问题，而不是死磕技术问题，其次说明你保持了日常最低开支的原则，最后也是最重要的，说明你不需要投资人。没有一个投资人不是以收益最大化为目标的，因此最受投资者青睐的创业项目是想着办法在赚钱的项目。

六、处理投资人的拒绝的具体方法是精准定位问题根源，而不是自我否定。遭到投资人的拒绝在融资过程中是一件经常性的事情，能拿到融资的项目凤毛麟角，所以面对拒绝要保持平常心，去寻找问题出现的根源，而不是否定项目、否定自己。

二、创业企业估值

成功融资中的核心环节是投融双方就公司的估值进行博弈谈判，并就投资金额及所占股比、投资方式等协商一致。有关公司估值的模型和方法有许多，但是其实大多数都不适用于创业企业，每家创投基金一般也会有自己秘而不宣的估值模型，以实现对投资标的的价值担保和可持续发展。而对于创始人来说，一般参考得比较多的估值方法主要有两种。一是比较估计法，创业者可以选择与自己企业同行业的、获得投资或者被并购的公司的交易价格作为参考，从中获取信息，以此对自身进行评估。二是现金流贴现法，即通过对企业未来现金流的预测，对公司的现金流进行贴现。但是相比于一味地追求所谓合理的估值方法或模型，设计融资计划时更要掌握以下估值原则：

一是牢记对初创公司的估值都是建立在预测中的“空中楼阁”。估值确实有很多模型：基于资产方面来评估的，有账面价值法、重置价值法；基于公司收益来评估的，有贴现现金流量法（DCF）；还有用乘数逻辑来评估的方法，比如 EBITDA 倍数法，P/E 倍数法，等等。这些方法都是很经典的财务管理方法，可以在任何一本财务管理教材中找到详细介绍，本书不再赘述。但更重要的是，大家需要了解 VC 界的一句经典评论，那就是对于初创公司的预测，唯一可以确定的就是这些方法可能都是错的。

二是无论采用什么估值方法，都要给出一个合理的估值逻辑。如果初创公司没有收益或没有稳定的收益，或是行业内没有类似的可参照投资标的，那么上述所有这些方法的基础就不复存在了。但是，对于创业者来说，仍需要选择一种相对来说最合适的方法来讲好你的故事，特别是能够与所在行业、项目特色和盈利模式最契合的方法。其实创投圈里也公认估值是件难事，而方法本身只是一种手段和中介。投资人也不会迷信方法，一般都会综合考量各种因素给出最终的估值，而关键还在于项目本身和未来预期。

三是合理控制估值预期。初创项目一开始的估值高并不是好事，因为前期估值过高导致后续融资困难、最后被迫无奈调低估值再融资的案例比比皆是。一味追求高估

值是“痴心妄想”，想凭空忽悠出高估值就是“自寻烦恼”。接触一圈投资人之后，有的估值给得高、有的估值给得低是正常现象。而一些大学生创业者心高气傲、盲目自大，觉得自己的项目这么好，给低估值的就是故意压价、是奸商。不综合考虑投资人的实力、人脉、品牌等综合因素，仅凭高估值的诱惑就随意作出决定，结果跌入陷阱。

估值是一个相对的概念，对于创投市场来说只有比较才有意义，没什么项目是拥有绝对的估值“底线”或“合理区间”的。同时还要注意的是，估值与最终的交易价格通常都不会保持一致。实事求是地讲，投资协议就是一个投融双方反复博弈的结果，没有什么内容是格式化的、天经地义的。而估值结果作为核心，会受到众多参数的影响，包括当时的流动性情况、市场行情、交易方式、付款方式等等。

四是如实编报财务报表和估值模型，不要耍小聪明、搞弄虚作假。创投圈子其实很小，聚焦于某个垂直领域的投资人绝对数量更少。一旦发生公司经营方面的诚信问题，消息很快就会在关注这个领域的投资人中传遍，对创始团队未来的发展可以说是毁灭性的。

划重点：企业估值中的风险提示[4]

（一）企业估值中的讨价还价

估值是风险投资过程的重中之重。通过谈判寻求一个双方都能接受的合理估值，不仅使企业当下的发展成绩受到社会认可，为创业团队和创业企业价值奠定了财务基础，更是在未来获得更多支持和发展、最终获得创业成功的价值前提。当你与 VC 投资经理深入交谈过几次之后，对方脸上开始露出了一些满意的表情，终于开始显露出了想要投资的具体意向。相比你早已通过精确测算，提出目前阶段公司发展的资金需求是 500 万元人民币，也就是说本轮融资需求是 500 万元，并标明释放股权 20%。投资方也对公司的财务规划表示认同，认为这笔财务需求可行，不打折扣地愿意投入 500 万元，进而提出“我们需要占股 20%”。这个开价很合理，对方看来也很有诚意，但此时可不要以为本轮融资就成功了。其实，VC 的邀约早已暗含了讨价还价的意思。因为一般情况下，VC 给出的估值若没有进行特别说明，指的就是投后估值（post-money valuation）。也就是说，这个估值的基础是本轮融资到位后的占股比例，VC 会占有 20% 的股份比例。计算一下，也就是你的公司在融资之后估值会达到 2 500 万元。而投前估值（pre-money valuation）一般都是从创业者的角度提出的，如果还是按照上面的融资额，只是把估值变成投前估值的话，公司在投资到位后的实际估值就会达到 3 000 万元（2 500 万元加 500 万元），VC 的股权占比也就只有六分之一。所以，不要以为对方看似发出的投资邀约与你的说法一样，其实并不完全是你心目中所想的那样。投前估值和投后估值两者的差别还是很大的，尤其需要在投资协议中明确。

（二）提前预留期权池

融资带来的必然结果就是创始团队的股份会相对稀释，这里就会涉及是否“完全稀释”所有潜在的股权的问题，这也是公司估值过程中容易被创始人疏忽的一个方面。按照现在的管理，初创公司在融资交易完成之前都会选择一部分普通股作为员工期权池，它的规模大小会对创业公司的融资估值造成实质性影响。对于 VC 来说，要的就是按照投后估值所要求的股权，那么如果创始人和投资方都想要保持原有期权池的占股比例，那么实际上融资的时候就需要增加期权池的股份。还是举上面的例子，公司原来设计了20%的预留股权，用于员工激励和吸引未来的创业合伙人，创始团队占剩下的80%的股权。如果投资人希望投后不要稀释20%的股权池，以保证股权激励制度的后续可行。那么实际上投资人加上期权池的股权就会占到45%，而投后创始人团队的占股比例就只有55%了，股权就会被极大地稀释。由此可见，如果不对所有潜在的股权进行“完全稀释”的话，保留原有期权池规模就是对创始团队权益的一种削弱。当然，如果创始团队在融资过程中具有足够的话语权和实力，也可以通过设置防稀释权来保护创始团队的股权。

（三）谨防投机资本

当前，经济发展进入新常态阶段，资金监管措施日趋严格，资本市场遇冷，很多VC本身的协议融资遇到大量困难，甚至有的基金因此清盘。所以风投市场上对资金投出变得极为谨慎，特别是初创企业想要拿到真金白银的投资变得越来越难，也催生了一些短期投机行为。比如，有一家电商行业的企业正在寻求B轮投资，接触了几家VC之后，都表达了很好的投资意愿，特别是一家相对较小的投资公司特别热情。进入投资条款谈判环节之后，每一轮谈判情况都非常好，基本上也没有对融资需求做过多的讨价还价。但创始人还是明显感到这家VC的谈判效率有点低，一笔不大的投资拖了很长时间。大半年之后，当创始人已经以为这笔投资肯定会落地的时候，投资方突然抛出了一个极低的估值，但融资额没有打折扣。创始人按照这个估值一算，发现如果按照这个标准融资的话，确实可以有效帮助企业进一步地进行市场推广、扩大份额，但只要进行下一轮融资的话，由于进入成本极低，这家基金哪怕随便提个价格都可以快速变现退出。一旦出现这种情况，最辛苦的恐怕就是创始人团队了，自掉身价融资之后，未来可能会陷入自身股份被恶意稀释的困境。因此创始人对这家基金的投资诚信和后期的跟随实践表示深度怀疑。还好这家企业的现金流情况还可以，有耐心苦练内功等待资本寒冬过去，最终也没有接受这个略带羞辱性质的估值。

还有更为恶劣的情况。有一家做人工智能的大学生创业企业，天使轮的时候通过各种关系，最后联系到了老家的一位投资“大佬”。这位大佬显然从来没有投资过这么前沿的科技行业，但只简单聊了聊就同意出资，投资条款也非常宽松。整个融资过程速度之快、效率之高以及条件之优惠，让学生创始团队简直不敢相信。然而，投资协议签订之后，却迟迟等不到“大佬”公司的打款，每次再去找人的时候这家公司就以各种理由推脱，翻来覆去的答复都是说“大佬”很看好你们、一定会投资，但是现在找钱有困难。时间一长，团队都以为这笔投资已经没戏了。大家只能在非常艰难的情况下开始了创业之旅，做出了产品原型，并得到了一家大VC的青睐。结果就在投资谈判之前，“大佬”公司的投资款突然到账了。这家学生企业还是吃了投资协议的亏，没有对融资时间条款作出详细、准确的规定，只能任凭“大佬”赚了一笔横财。当然他们足够优秀，否则很有可能导致VC拒绝后续投资。

创业训练实践

试着为公司估值

A 公司是一家互联网公司，2016 年 1 月天使轮获得的融资为 20 万元，2017 年 1 月第二轮融资获得 100 万元，2018 年 1 月获得第三轮融资 200 万元。创业者小李的公司 B 也是互联网公司且业务领域与 A 公司基本相同。

1. 请判断小李是否可以参考 A 公司所获得融资情况对自己进行估值?

2. 小李与 A 公司初创的规模相仿，请使用比较估值法为 B 公司进行估值。

3. 假设 B 公司未来三年的收入与成本可以相互抵消，获得融资的情况与 A 公司相同，贴现率为 7%，请使用现金流贴现法估算 B 公司的现值。

三、创业财务规划[5]

融资到底需要多少钱呢？创业者自己首先要对需要多少钱心中有数。并不是说要的钱少就容易融资，要做到让投资人认为你的融资需求是合理且必需的。如果项目得到了创业者的认可，但是财务规划却证明融资的那点钱根本就干不了这些事情，那么投资人对项目的印象可能就要大打折扣。像“当年刘强东找高瓴资本的张磊要 7 500 万美元建设电商物流，张磊却给了他 3 亿美元”这样的传说，基本不可能存在于初创圈子里。

（一）预测财务需求

创业者要合理编制预计利润表和资产负债表，规划好大概何时能够实现盈亏平衡。对于创业公司来说，在没有实现盈亏平衡的时候，这些财务报表是要按月编制的。创业者和投资人都需要随时关注公司的财务状况，初创期的公司经常会在意想不到的时候发生现金流断裂，随时都有倒下的可能。

当然，科学、严谨的盈亏平衡分析还可以帮助创业者知道自己公司的盈利潜力，进行营运资金需求量的预测，再合理分配固定资产投资和运营资金的比例。资金盈亏平衡点可以用总的固定成本除以单位产品 / 服务的净利润来计算。但是这种计算方法的最大局限就是只能计算单一产品或服务，如果公司业务复杂一点就不好计算，而一些间接的运营费用并不能很好地包含在内。但运营资金确实又非常重要，很多创业项目的失败，就是因为没有充分估计到运营资金的规模。比如上门洗车、上门美甲之类的“看上去很美”的项目，前期财务规划的时候，完全没有预计到高昂的人员空转成本、通勤成本等运营费用，等投资人的钱烧完了，项目也就只能歇业了。

创业初期资金通常比较紧张，做好财务规划是企业稳步发展的基础。很多创业者会认为，在成功获得融资之后再进行财务规划也是来得及的。实则不然，合理的财务规划也令企业在获取融资时更加明确所需的资金，在面对投资人的问答时，清晰、合理的财务规划也会极大地提高好感度。

（二）编制财务预算

预算是财务规划的结果，一般来说，公司的财务预算包括三种：

第一，资本预算。资本预算强调的是购置重要资产的支出计划，这类资产一般成本都是比较高的，包括厂房、机械、设备之类。

第二，现金预算。现金预算指的是在一段时间内（每周或每月）的现金流入与流出，以及周期末现金余额的预算。现金预算是管理者预估所需贷款，营业费用、短期投资的重要依据。

第三，全面预算。全面预算是整合企业其他预算并总结企业拟进行的财务活动的总预算，它估算企业运营活动所需的各种运营成本和费用，也决定了公司在办公室用品、差旅、租金、薪资等方面的支出额度。

创业者需要对未来一段时间企业的收入、成本、费用进行预测，对企业未来的现金流量有一个基本的规划，这是编制预算的基础，也是很多创业公司资金链断裂的根本原因。进行预测时要对短期，即一年内的资金流以及长期的资金流分别进行预测。

短期预测一般时间都不超过一年，也就是对一年以内的收入、成本及费用进行估计，创业融资时可进一步将预测时间缩短成季度或月份。也可以直接预测现金流，也就是预测短时间内的销售收入和各种需要支付的费用。当然如果已经有销售收入的企业，可以根据前一段时间内的财务报表来预测未来一段时间内的收入与开支，这样就显得预测更加充分。

长期预测的时间一般都超过一年，比较常见的是三年期的规划。有的公司会对未来很长一段时间进行预测，例如五年，主要是针对一些还处于技术研发期的项目。长期预测要包含在未来的几年内公司是否需要继续投入，在技术、设备上大致要投入多少钱，是否有足够的资金。一般长期预测都需要有财务管理经验的人员，公司如果没有此类人才，可以考虑外请咨询公司进行预测。

作为创业公司，首要目标是生存，在生存的基础上谋求长期发展，因此一定要做好短期预测，特别是现金流的控制。保证公司的存活，在此基础上再着眼长期的发展机遇与挑战，考虑长期规划。

（三）建立财务控制规则

建立财务规划的目的是充分利用资金，让公司利润最大化。在确定了财务规划之后，要使公司实际财务情况和财务预算达到一致，就需要我们建立财务控制规则。

财务控制需要定期对实际收入、实际成本及支出以及预期值进行对比，这种财务控制规则可以让管理者发现实际与财务计划不符的地方，从而进行纠正。而且财务控制规则还能查出是哪个环节偏离了计划，这些偏差是否合理、是否需要调整计划。

上述是创业企业在进行财务规划时应该做到的最基础的三步，除此之外，创业者还需要考虑税收筹划、是否需要雇用专职财务管理人员等财务问题。

案例研究作业

一起唱：为什么要做好长期财务规划[6]

2016年2月5日，农历春节除夕的前一天，一起唱公司的90后CEO尹桑给全体员工发了一封内部电子邮件，邮件的标题是："年关将至，年关难过"。这封邮件标志着这家主攻KTV行业O2O的创业公司即将倒闭。

尹桑在内部电子邮件中称，由于C+轮融资失败，账面上的现金也被花得干干净净，即使倒闭清算也无法支付全部员工1月份的工资，"因为时间、业务、外部环境等客观原因，我也不知道何年何月才能搞定这次融资，年后我会让HR部门联系大量的猎头和公司，第一时间帮你们推荐到更靠谱的公司、找到更合适的工作。"

一起唱于2012年上线，从KTV预订出发，基于地理位置实现了附近KTV搜索、比价、预订等功能，同时还融入社交和本地生活服务，其在2015年4月自主研发的安卓点歌系统提供包含叫车、订酒店、美食购物等服务。在社交方面，一起唱试图用算法评估用户之间的"音乐匹配度"，同时在点歌系统中，用户可以通过游戏等方式加强互动，比如你可以和其他包间的帅哥美女PK某支歌曲，或者在屏幕上发弹幕。

据了解，一起唱团队通过地推的方式把他们的点歌系统推给线下传统KTV。截至2014年底，已经有北京、上海、深圳、南京等城市的100多家线下KTV使用了一起唱的点歌系统。

融资方面，一起唱在上线之初就得到IDG 500万人民币天使轮融资。2014年1月完成了IDG的300万美元A轮融资；4月完成了B轮1 200万美元的融资，投资方仍然是IDG。尹桑在内部电子邮件中表示，1月收到几家VC/PE的投资意向，在权衡后选择了其中一家，双方在条款、估值、融资额上也达成了一致。随后在2月1日正式接到投资方投资暂缓的通知，导致员工1月份以及后面的工资也无法发放。

而在知乎上，我们可以看到公司员工对内部电子邮件的一些看法和爆料。原来2月3日全体员工开始休年假，晚上突然收到CEO的电子邮件，宣布公司解散，对此员工颇有怨言。比如"尹桑过年前突然通知解散，而从电子邮件可以看出，他早有这个打算，为何不召集大家开会，在年前当面说清楚并商议解决方案？""电子邮件全篇都是废话，让员工干了这杯满满的情怀，为什么连补偿金都没提，还拖欠大家过年回家的工资？""首先不确定是否真的没钱，因为从放假当天开始就已经在对2楼和4楼进行装修，老板本人在发完电子邮件以后仍然是在得州扑克的牌桌上，说明对这个事情早已有定论。"

对此，真顺基金合伙人李祝捷表示："CEO对账面现金的控制太重要了，过冬环境下必须做至少18个月甚至24个月的现金计划"。未来工厂沈文博则表示："尹桑在内部电子邮件中表示由于对未来形势过于乐观，在项目执行中过于自信与超前，导致账面资金在新一轮融资到位前基本花光，最新投资方决定暂缓投资，导致融资失败，资金链断裂。尹桑在电子邮件中反思了自己的执行过错、在项目上的铺张浪费，以及不计后果的投入。教育行业也有几个这么死的公司，还有几家在路上，2016年没有收入的创业公司，都抓紧时间勒紧腰带吧。"

从这个案例中我们不难看出，忽视财务融资规划，对创业过程需要多少资金、成本–收益如何，后续资金如何筹集等重大财务事项，没有一个清晰的规划，导致步步被动，这是创业者财务短视的表现之一。创业是一个长期的过程，创业者自身的启动资金很难满足创业发展的需要。因此，创业者和创业企业应有一个融资计划或规划，以指导企业的融资行为，确保创业企业的发展能够得到源源不断的资金支持。

研究问题

1. 为什么真顺基金合伙人李祝捷认为，创业公司必须做至少 18 个月甚至 24 个月的现金计划?
2. 作为年轻人创业的公司，分析“一起唱”和第九章中“青年菜君”两个项目的失败，从失败的原因、财务管理、员工安置可以给我们带来哪些经验和教训?

注释

[1] 陈姚. 创业企业的融资准备三部曲. 中国青年报 · 青年时讯周刊，2019–12–20（07）.

[2] 斧头哥. 创业公司融资需要必懂哪 7 个步骤?. https://www.jianshu.com/p/8a5e38ed02d5.

[3] [美] 保罗 · 格雷厄姆. 融资生存手册. 微信公众号“YCombinator”.

[4] 陈姚. 浅谈初创企业创业融资的风险防范. 中国青年报 · 青年时讯周刊，2019–07–26（10）.

[5] 陈姚. 创业企业的融资准备三部曲. 中国青年报，2019–12–20；陈姚. 创业公司应该如何进行财务规划改编. https://www.yinhang123.net/wangdian/licairiji/1330138.html.

[6] 彭丽慧. 90 后创业明星资金链断裂：投资人、员工、创业者都怎么看?. https://mp.weixin.qq.com/s/gJqXTQmHn1v8mSgda_aa1Q；刘晓景. 资金断裂 年关难过 一起唱 CEO 尹桑宣布创业失败. http://companies.caixin.com/2016-02-05/100907726.html.

走出创业实质性的第一步
——公司注册和股权分配

Facebook 股权分配纠纷

Facebook 最早的创始团队有扎克伯格、萨维林和莫斯科维茨三人。由于扎克伯格单枪匹马靠自己的技术能力开发了 Facebook，当时作为核心创始人占股 65%；萨维林有金融和经济基础，表示能够在找投资和管理方面作出贡献，他占股 30%；而莫斯科维茨则在 Facebook 早期的客户获取方面花了大力气，但他只占股 5%。

这样的股权分配看似没有问题，但从后来发生的故事来看，确实就是股权结构为 Facebook 日后的纠纷埋下了隐患。萨维林作为名牌专业的优等生，内心不愿像其他两人一样终止学业全身心进行创业，但他又占有了除扎克伯格外最多的股份。对莫斯科维茨和新加入的但是拥有丰富创业和投资经验的帕克（后来也与扎克伯格决裂了）来说，尽管他俩的投入明显多于萨维林，但只能采取稀释萨维林股份的方式来增加两人的持股。萨维林对此非常不满，以冻结公司账户相威胁。

在完成了 A 轮融资以后，萨维林的股份被降到了 10% 以下，怒火中烧的他直接把扎克伯格告上了法庭。Facebook 则认为萨维林的股权购买协议无效，根本不承认其创始人身份，而萨维林则宣称扎克伯格动用公款，未经他同意就稀释他的股份并开展了融资。双方在法庭上互相攻讦，毫无当年创业时的兄弟情谊。最终，Facebook 和萨维林达成庭下和解协议，具体的和解金额至今仍是个谜。但协议结果是，Facebook 承认萨维林是创始人之一，萨维林则同意从此不再在媒体上发表有关言论。后来，作家本·麦兹里奇根据这场纷争写了《意外的亿万富翁》一书。2010 年，大卫·芬奇改编拍摄了后来获得奥斯卡最佳电影奖的《社交网络》。

即使是 Facebook 这样拥有流光溢彩的外表的创业公司，具备能力优秀的创始人、独创性和实用性兼具的公司产品，也难以避免纷纷扰扰的纠葛和股权纷争。因此，我们在创业的时候，更要谨慎进行股权分配，了解股权分配机制，尽量避免发展过程中出现矛盾。

一、创业公司注册的意义和原则

（一）认识公司注册的意义

公司注册是大家走出实质性创业的第一步，也是至关重要的一步，注册的过程也有助于创业者认识商业行为的本质。

第一，认识公司注册的法律意义。在我国，要想从事公司经营，就必须办理工商登记执照、注册公司。假如生意的规模较小，可以申请个体工商户的营业执照，但只要属于公司经营的生意，就必须注册公司。这项法律规定能够让企业获得相关法律保护。例如，《中华人民共和国公司法》第三条规定，公司是企业法人，有独立的法人财产，享有法人财产权。公司以其全部财产对公司的债务承担责任。有限责任公司的股东以其认缴的出资额为限对公司承担责任；股份有限公司的股东以其认购的股份为限对公司承担责任。针对公司经营的特殊情况，《公司法》第六条还规定："法律、行政法规规定设立公司必须报经批准的，应当在公司登记前依法办理批准手续。公众可以向公司登记机关申请查询公司登记事项，公司登记机关应当提供查询服务。"

第二，认识公司注册的经济意义。按照规定进行公司注册，不仅是创业者遵纪守法的表现，也能为公司的经营带来许多好处。首先，公司进行注册后，作为独立的法人进行活动，是市场活动的主体，例如主流的招投标项目会规定参加成员是公司等机构，意味着注册后的公司才有资格参与此类招投标项目。其次，公司作为市场和社会中的一个力量，公司注册可以优化配置资源，推动市场发展和承担社会责任。随着互联网经济不断向规模化、正规化发展，越来越多的电子商务平台，如天猫、京东等都在其入驻规则中规定，入驻必须提供营业执照，因此，公司如果需要扩展经营渠道或者平台，公司注册则为公司提供了更多的机会。做好公司注册这一步，可以让公司更加受信任。试想，一个公司连营业执照都没有，顾客信得过吗？所以公司注册可为企业的诚信度背书，也有利于公司自身的发展。

第三，认识公司注册的政策意义。对于大学生创业，国家和地方也有许多支持政策。事实上，现在政府层面对于大学生创业的扶持主要就集中在公司成立和注册阶段，很多政策的服务对象就是注册后的大学生创业公司。国家层面，鼓励各地简化创业公司注册手续、降低创业门槛，加快搭建"一站式"服务平台和"绿色通道"，使毕业生可以高效、便捷地申领证照。同时进一步落实好自主创业税费减免、小额担保贷款、创业地落户、毕业学年享受创业培训补贴等优惠政策。2018 年，国家明确提出要加强大学生创新创业教育培训。支持高校、职业院校（含技工院校）深化产教融合，引入企业开展生产性实习实训，使学生对公司运营更加了解。省级层面也相应出台了不同的支持政策，如建立高新技术开发区、大学科技园等创业孵化基地，促进大学生创业项目顺利落地。

（二）公司注册核心五步

我们把公司注册的一般核心步骤浓缩成五步，以下分别给予解释和提示。请注意，这里说的是一般情况，不考虑有特殊政策的地方或有注册代理服务的情况，以及针对大学生创业者采取的便利措施。

第一步，准备材料。在去相关地点进行注册之前，一般都需要准备一些相关材料。[1]

1. 公司法定代表人签署的“公司设立登记申请书”；

2. 全体股东签署的公司章程；

3. 法人股东资格证明或者是自然人股东身份证及其复印件；

4. 董事、监事和经理的任职文件及身份证复印件；

5. 指定代表或委托代理人证明；

6. 住所使用证明。

关于住所使用证明材料的准备，分为以下三种情况：

（1）如果是自己的房产，则需要提供房产证复印件、本人身份证复印件。

（2）如果是租房，则需要提供房东签字的房产证复印件、房东的身份证复印件、双方签字盖章的租赁合同和租金发票。

（3）如果是租用的某公司名下的写字楼，需要该公司加盖公章的房产证复印件、该公司营业执照复印件、双方签字盖章的租赁合同、租金发票。

第二步，核准名称。这个阶段可以采用线上填表的方式，也可以去工商局线下递材料。线上填报的优点是比较方便，省去了前往工商局的时间。但线上填表的审核周期一般比较长，通过核名后也仍然需要去工商局领取核名通过通知书。在选择核名方式时要考虑与工商局的距离、注册公司的紧迫性等自身因素。一般来说，核名阶段将会持续五个工作日左右，但由于核准名字、地址以及公司经营范围等材料是同时进行的，因此，当某一个点不符合规定时，都会返还材料让申请人进行修改。如果修改次数多，这个阶段将会更长。也正因为递交材料时有可能被打回，建议在这个阶段多准备几个公司名字，以备修改。

第三步，提交材料。这一阶段是公司注册中最为主要、也最为复杂的阶段。与核名阶段提交自己准备的材料不同，这一阶段我们需要开验资户，取得银行征询函后由验资机构开具证明。

各银行都可以开验资户，如果没有特别的需要，直接选四大行进行验资户开立就可以。去银行之前先电话咨询办理时间和条件，不同银行需要准备的材料是不一样的，但一般来说都需要预核名通知书（第一阶段通过后工商局会下发的）、股东全员的身份证复印件，以及法人的人名章。材料齐全的话，在银行大约三小时即可完成办理。

开设好验资户以后，就可以入资了，也就是把所有股东的钱都打进这个验资户当中。而打钱的用户必须是股东本人名义的账户。所以入资的时候不要带着现金，必须用卡进行入资。入资成功后可以给银行打电话确认款项是否到账，然后即可去银行开具银行征询函。

最后找一家验资机构进行验资。一般的会计师事务所都可以做这个业务，自行选择一家即可。这个过程非常快，一个小时左右就可以完成。完成上述流程之后，下一步就是前往工商局进行提交，这个阶段一般会持续 5～15 个工作日，审核完成之后会收到准予设立登记通知书，然后便可以预约去领取营业执照。

第四步，领取执照。拿到准予设立登记通知书后，申请人可以预约某个时间前往工商局领取公司的营业执照，当天应该携带准予设立登记通知书、申请人身份证原件，领取的营业执照分为正副本。

第五步，刻章等事项。至此，公司注册已基本完成，申请人拿到营业执照之后，到公安局指定的刻章点办理公司的公章、财务章、合同章、法人代表章以及发票章即可。

（三）公司顺利注册六原则

遵循以上流程，注册前做好准备，公司就可以顺利注册。然而，知易行难，在注册过程中会出现各种各样的小细节、小差错，导致公司注册过程变得烦琐。那么，要如何尽量避免在这一过程中走弯路呢？在进行公司注册的整个过程中，有六条原则需要遵守，这样可以提高注册效率，方便公司的后续运营。

第一，要选择适合自身情况的公司类型。公司分为有限责任公司、股份有限公司、外商独资公司等。有限责任公司是由 50 个以下的股东出资设立，每个股东以其所认缴的出资额对公司承担有限责任，公司法人以其全部资产对公司债务承担全部责任的经济组织。这种公司比较适合刚开始创业的企业，因为目前比较成熟的天使投资基金，几乎都是基于有限责任公司进行设计的，注册设立有限责任公司在未来引进投资的时候会比较顺利；有限责任公司的股东并不需要对债务承担无限责任，只需要以出资额为限承担有限责任，也就是避免了公司股东承担不必要的财务风险。另外，有限责任公司的机构设置也比较少，结构简单，运营成本较低，比较适合企业的初步发展。股份有限公司，也称作上市公司，是由 2 人以上、200 人以下的发起人组成，公司把全部资本划分为等额股份，股东以其所持股份为限对公司承担有限责任的公司。股份有限公司的股票可以在市场上进行交易，能更方便地进行融资，但是设立程序比较严格、门槛较高，不适合初创型和中小微企业，比较适合成熟、规模大、已经有一定发展的公司。另外，外商独资公司则是国外的公司、企业、其他组织或者是个人，依照中国的相关法律规定在中国境内设立的，由外国投资者投资全部资本的企业。这种公司在名称上和有限责任公司一致，但股东为外国人或外国的经济组织，流程相对于设立内资公司更加复杂。综合来看，一般创业者在注册时选择有限责任公司即可。

第二，要明确公司所需要的资质。这个原则主要体现在递交材料这一步。在公司注册过程中，某些经营项目需要在取得有关部门的许可之后才能够办理营业执照或者是开始经营。在前往工商局注册之前，需要了解清楚自己准备经营的业务是否需要取得相应资质。例如，许多互联网企业的经营网站需要取得 ICP 经营许可证，即由当地通信管理部门核发的电信与信息服务业务经营许可证。

第三，要谨慎决定公司的注册资本。注册资本是指全体股东出于公司经营的需要，提供或者是承诺给公司提供的资金总数。有限责任公司中的“有限”二字，指的是股东对公司债务承担有限责任，而其中这个限度，就是公司的注册资本。合理地规划和决定注册资本的数额，才能更好地利用资源，经营好自己的公司。目前，我国对公司注册资本实行认缴制，也就是注册资本并不需要在一开始一次性全部缴清，只需要在自己承诺的时限内缴清就可以，一般这个时限是 10～20 年。这个制度在很大程度上降低了公司在注册时的资金压力，能够给公司注册者更大的自由度，也更有利于公司未来的投融资和经营。至于要如何确定注册时应该填写多少公司注册资本，则需要参考所在行业的资质要求。例如，互联网公司在申请 ICP 经营许可证时，就要求公司的注

册资本至少要达到 100 万元，天猫平台对于绝大部分类目的入驻商家也要求注册资本在 100 万元以上。但注册资本并不是越多越好，我们之前已经解释过，有限责任公司以注册资本为限对于公司债务承担责任，也就是说，注册资本越多，也就需要承担更大的责任。虽然在后续公司经营中也可以增加或减少注册资本，但需要由公司权力机构做出决定，编制资产负债表和财产清单表册，进行通知和公告等程序，因此在注册公司时就应该仔细考虑和斟酌。

第四，尽快办理银行基本户。在经营过程中，公司会产生很多笔资金往来，这些资金都需要在基本户中完成，通过这个账户支付工资奖金、收付货款、缴纳社保等等。每个公司只能开一个基本户。

第五，依法办理税务事项。依法纳税是每个公民的法定责任，如实记账报税是每个企业都应该履行的义务。在完成注册之后，注册人应该到税务局办理税务报到，税务局会核定企业的缴税种类、税率、申报税金时间。企业的税务专员自公司成立后一个月起，每个月都需要会计逐笔记账，向税务机关申报纳税。为了顺利开具发票，还需要申办税控器，并且参加相关设备的使用培训，核定申请发票等。

第六，勿忘缴纳社保。公司需要在注册完成之后的 30 天以内到辖区社保局开设公司的社保账户，办理社保登记证和社保以及与银行签订一份三方协议。以后，公司所有与社保有关的费用都会在缴纳社保的时间自动从银行基本户里扣除。

公司注册的情境模拟

在提前预习本章的相关理论之后，教学现场可由老师组织相关问题的讨论，在给定的情境中，讨论遇到的问题、问题出现的原因并尝试提出解决方法，最后由老师对其合理性和解决力进行评分。

情境可以包括但不局限于：

1. 三到四位合伙人想要注册公司，讨论决定公司的类型、主要业务以及公司名称。

2. 现场登录工商局网页进行模拟公司注册，列出在操作过程中遇到的问题和不懂的地方，并尝试提出解决方案。

3. 公司经营半年到一年后，有一位合伙人想要退出，应该如何处理他手里的股权。

4. 科技类公司，有相关专业性人才在公司步入正轨后想要以技术入股，讨论其股权应该如何分配。

训练目的：

1. 让同学切身体会公司注册中的困难和需要解决的问题；

2. 尝试体验作为创业者如何处理创业的初始问题；

3. 共同探讨如何能效率更高地进行公司注册和股权分配；

4. 共同讨论情景模拟中同学可以从中吸取的教训，以作出更好的改进。

（四）发现适合大学生创业的注册便利

大学生创业取得成功的前提是做一个对行业和政策都充分了解和掌握的有心人。在走出实质性创业的第一步之前，应该首先重点关注和了解关于鼓励新创企业的国家政策、地方政策以及行业政策等。除了浏览相关的网站关注政策动向、学习国家层面的就业创业最新文件外，创业者还应定期到身边的科技园区或大学生创业园区了解最新优惠便利措施，还可以不定期咨询地方政府的市场行业监管服务部门（如市场监管局、税务局、科技局等）、就业服务部门（如人社局、中小企业服务中心、就业服务中心）或学校的创业导师。

以上海市为例，2012年后实施了青年就业“启航”计划，并多次将促进长期失业青年就业纳入市政府实事项目，实行量化考核。2017年，市政府还专门出台文件，通过专项帮扶，着力打造覆盖各类青年群体的综合性政策体系；河南、山东等省则推出了高校毕业生“试营业制度”，实行货币出资“零缴付”、经营场地“零成本”、服务创业“零收费”等优惠措施。表5-1总结了几个有代表性的省份发布的大学生创业优惠便利政策。可以发现，工商登记和注册便利的举措经常与创业培训联系在一起，所以创业者应积极与地方人社部门、人才中心等对接咨询，积极参加各类培训。这样有助于融入当地的政策覆盖范围，对接后续的便利条件。

表5-1

省份	覆盖人数	创业培训	工商登记和注册便利
广东	5万人	鼓励有创业愿望、有培训需求的学生参加创业培训（实训），支持有条件的高校开发适合大学生的创业培训（实训）项目，并给予补贴。加强创业培训师资队伍建设，指导创业培训机构创新培训方式，积极推行创业模拟实训和创业案例教学。力争平均每年组织大学生参加创业培训（实训）2万人以上。	放宽工商登记条件，财务先照后证、注册资本认缴登记制。将企业年检制度改为年度公示报告制度。为大学生办理工商登记开辟绿色通道。拓展电子营业执照应用，推行商事登记银政直通车服务。
辽宁	2.6万人	以有创业意愿的大学生为重点，编制专项培训计划；鼓励有条件的高校征集适合大学生的创业培训项目，可纳入本地区创业培训计划，对按要求开展培训的，给予创业培训补贴。在全省范围内以省就业网为依托搭建创业培训网上模拟实训平台，进一步强化案例教学和创业实务训练，对符合条件的参训大学生实施免费培训。加快推行企业新型学徒制、初高中毕业生劳动预备制、企业技师培训等补贴项目。	为大学生创业办理注册登记开辟“绿色通道”。提供“一条龙”便利。放宽创业经营场所要求。改进金融服务，为创业大学生办理企业开户手续提供便利。
宁夏	3 000余人	各级公共就业服务机构要组织有创业愿望的大学生免费参加创业培训；组织开展形式多样的大学生创业竞赛活动，积极开展在校大学生创业培训服务。每年全区组织2 000名左右大学生开展以“创办你的企业（SYB）+创业实训”为主要内容的创业培训。	放宽注册资本登记条件，放宽经营场所限制，金融机构要为创业大学生办理单位银行结算账户、转账、贷款等业务提供便利。

续前表

省份	覆盖人数	创业培训	工商登记和注册便利
山东	不少于 6 万人	优化整合创业培训实训资源，积极组建创业大学，系统实施创业培训实训计划，开展网络实战、沙盘模拟、创业团队协作等实训项目。对有创业意愿的大学生实行创业项目、创业规划、创业技巧和创业信心等“一对一”指导。	落实注册资本认缴登记制，推行电子营业执照和全程电子化登记管理；完善工商登记“绿色通道”；落实减免行政事业性收费政策；银行业金融机构为创业大学生办理企业开户手续提供便利和优惠。
上海	不少于 2 万人	丰富创业培训的内容和模式，探索将上海市高校开发的、适合大学生创业特点的创业理论教育课程纳入创业培训体系；已接受创业理论教育的大学生，可直接参加创业模拟实训内容的培训。鼓励高校、培训机构、社会组织开发适合青年大学生的创业培训项目。将政府补贴创业培训的对象范围扩大到上海市高校在校学生。	深化商事制度改革，降低创业注册门槛。落实注册资本认缴登记制，放宽出资方式。积极推进“先照后证”工作，减少工商登记前置审批。探索推进“三证合一”，实施统一的社会信用代码。优化登记方式，继续推行集中登记、一址多照等经营场地登记制度。研究推广自贸试验区企业“单一窗口”登记制度，优化登记流程。完善网上登记系统，加快推进工商注册登记全程电子化。
四川	3.5 万人	各地人社部门要加强与教育部门和高校的衔接，以创业愿望强、有一定创业潜力和培训需求的大学生为重点，编制专项培训计划，组织有资质的培训机构开展培训。积极整合校内外资源，共同推动实施“逐梦计划”等大学生创新创业实践培训项目。对成功创业的大学生，组织参加“我能飞”四川省大学生成功创业者提升培训，增强经营管理能力，提高创业企业的存活率。对参加创业培训的大学生，按规定给予创业培训补贴。	落实注册资本认缴登记制，拓宽企业出资方式，放宽住所（经营场所）登记条件，推行电子营业执照和全程电子化登记管理。完善工商登记“绿色通道”，为创业大学生办理营业执照提供便利。对符合条件的大学生小额经营者，免予工商登记，实行社区备案。对符合条件的创业大学生，按规定减免登记类、管理类和证照类等有关行政事业性收费。
云南	2.5 万人	将普通高等院校毕业前 2 年的学生纳入培训对象范围，2014—2017 年，每年组织 1 万名以上大学生进行创业培训。积极开发适合大学生的创业培训项目；切实加强创业培训师资队伍建设；积极推行创业模块培训、创业案例教学和创业实务训练；进一步完善和落实创业培训补贴政策。	高校毕业生注册登记个体工商户、合伙企业、独资企业不受出资数额限制。非货币资产可作为企业注册资本。减免登记类和证照类等有关行政事业性收费。
浙江	3 万人	加强创业教育培训和创业指导师资队伍建设，不断提升师资整体素质和服务水平。强化创业培训，鼓励、支持有条件的高校等开发适合大学生的创业培训项目，使每一个有创业愿望和培训需求的大学生都有机会获得创业培训。在校大学生和高校毕业生在定点培训机构参加创业培训的，要按规定落实创业培训补贴。	各级工商部门要加强对大学生创业情况的统计，落实注册资本认缴登记制，放宽住所（经营场所）登记条件，推行电子营业执照和全程电子化登记管理。对符合条件的创业大学生，按规定减免登记类和证照类等有关行政事业性收费，简化登记程序。

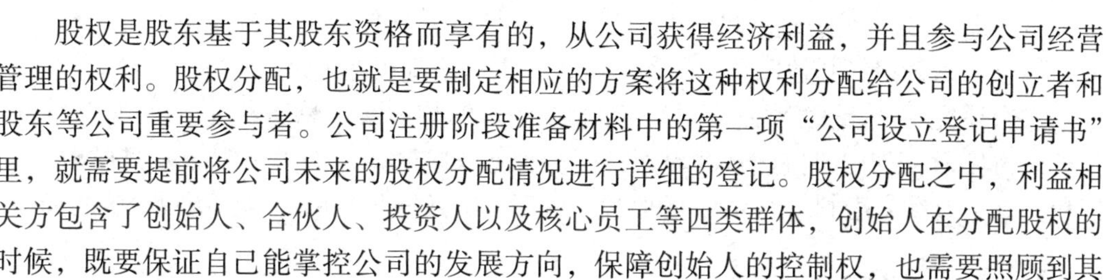

二、初创企业的股权分配

股权是股东基于其股东资格而享有的，从公司获得经济利益，并且参与公司经营管理的权利。股权分配，也就是要制定相应的方案将这种权利分配给公司的创立者和股东等公司重要参与者。公司注册阶段准备材料中的第一项“公司设立登记申请书”里，就需要提前将公司未来的股权分配情况进行详细的登记。股权分配之中，利益相关方包含了创始人、合伙人、投资人以及核心员工等四类群体，创始人在分配股权的时候，既要保证自己能掌控公司的发展方向，保障创始人的控制权，也需要照顾到其他三类人的利益。

（一）股权分配的控制线[2]

在股权分配实务中，给哪个人划分百分之多少的股份则非常自由。其划分是参照法律规定和经验总结，笔者总结了在股权达到百分之多少的时候，能够获取什么样相应的权利，创始人可以依据这六条线来合理分配股权。

第一条线是股权占比 67% 的绝对控制线。按照我国《公司法》规定，有一些公司的重大事项比如增减资、公司章程的修改、合并、变更主营项目、股本变化等必须经代表 2/3 以上表决权的股东通过。因此只要一个股东的股权达到 67%，他便可以自己主导公司重大事项的决策。

第二条线是股权占比 51% 的相对控制线。因为某些需要 2/3 以上表决权股东通过的决议创始人无法独自控制，所以只是相对控制公司。但实际上很多简单事项的决策，比如聘请独立董事、选举董事长、聘请审计机构等，只需要出席会议的股东所持表决权过半数通过即可。而在现实中，大多数公司，特别是上市公司，实际控制人的股份都只是达到相对控股的那条线。

第三条线是股权占比 34% 的安全控制线。当创始人持股占比超过 1/3，对于需要 2/3 以上表决权才能通过的关乎公司生死存亡的事宜，只要有一个股东持股超过 1/3，就不会有股东的股权超过 2/3，也就无法凭自己一个人的意志操纵重要的公司决策。但这条线仍然只具有相对意义，因为对于其他相对简单的仅需半数以上通过的事宜，仍然存在有相对控制权的股东操纵决策的事实可能性。

第四条线是重大同业竞争警示线。同业竞争指的是一个公司所从事的业务与其控股股东（既包含绝对控股也包含相对控股）或者是实际控制人所控制的其他企业所从事的业务相近或相同，双方构成或者是可能构成直接或间接的竞争关系。在我国，一般认为关联企业特指的是一个股份公司通过 20% 以上股权关系或者重大债权关系所能够控制或对其经营决策施加重大影响的任何企业。

第五条线是股权占比 10% 的临时会议权线。这是可以提出质询、调查、起诉、清算或者解散公司的界限。《公司法》第三十九条第二款规定，代表 1/10 以上表决权的股东、1/3 以上的董事、监事会或者不设监事会的公司的监事提议召开临时会议的，应当召开临时会议。

第六条线是 1% 的代位诉讼权线。拥有公司 1% 以上股份的股东可以书面请求监事会或者不设监事会的有限责任公司的监事向人民法院提起诉讼，相关机构或者人员在收到书面请求后拒绝提起诉讼，或者是自收到请求之日起 30 日内未提起诉讼，或者情况异常紧急，如果不立即提起诉讼会使得公司利益受到伤害的，前面提出书面请求的股东可以为了公司的利益以自己的名义直接向人民法院提起诉讼。

综合研究这些事关公司核心权利和股东利益的控制线，总结发现，公司在设计股权分配方案时，创始人按照这些界限分配和进行风险防控，如单一创始人拥有 51% 的股权，其余股东分配剩余的 49% 的股权，就可以有效避免日后产生控制权纷争的局面。

（二）股权分配的依据

常常有创业的学生讲究兄弟义气，成立企业时把股权按人头做均分，比如四个创始人就每人拿 25% 的股权。这种分配方案就属于毫无依据、非常不科学的分配。一旦遇到类似公司是否要持续投入来扩大运营等发展瓶颈的时候，每个股东投票权相等会造成意见反复拉锯，无法统一，很多学生创业项目就是因为这个原因最后不得不终止。笔者的建议是：当大学生创始团队没有资产、技术、资源等其他可以作为参考的依据时，应由创业项目的发起者、创业意志最坚定、投入精力也最多的创始人占有较大比例的股权。同时也要预留出足够的股权空间，以便激励后续加入的团队成员。这样即使创业过程中遇到团队成员的流失，也不至于导致项目的流产。[3]

上述情况比较极端，但却是大学生创业中比较常见的问题。总的说来，初创企业的股权分配依据主要有两种方案。一是按照出资额比例分配。如果一个公司的注册资本是 100 万元，股东甲出资 60 万元，股东乙出资 40 万元，那么甲就持股 60%、乙持股 40%。这种方式使得每位股东的持股比例有多有少，大股东出资多、持股比例高，对于公司的决定权就越大。这种方式可以保证大股东的权利，决策效率也比较高，但是很考验大股东的商业素质、领导能力以及决策能力。对公司发展方向目标非常坚定、战略非常清晰的大股东，才能够带领创业公司不断发展壮大。

另一种分配方案则不单以出资额决定，股东可以以技术、人力或者其他资源入股，占比由各个股东协商决定，这在一定程度上避免了出资多但能力不强的股东掌握公司控制权的问题。技术型人才在公司中占有更高的地位，也能更好地激励员工创新，促进公司发展。

当然，即使出资额、技术入股等依据不同，股东之间也会发生平均分配的情况。但从未来公司运营和吸引投资的角度来看，只要是平均分配比例，都是不值得推荐的方案。以注册资本 100 万元为例，虽然甲出资 60%，乙只出资 40%，但股权在两人中平均分配。这种分配方案可能会削弱公司创始人的控制力，从而影响公司决策。当甲、乙两人的意见发生分歧的时候，可能无法达成最终决策，或是决策效率较低，错失公司的发展时机。另外也可能会让其中一人逐渐失去动力，只想坐享其成，公司没有持续发展的动力，最终可能是努力的人带着优秀员工一起出走，原来的公司分崩离析，这样的例子在初创公司中屡见不鲜。

（三）股权分配方案设计的注意事项

创业维艰，只有创始团队目标一致、方向明确、公平和激励并存才能够取得长足的发展，才能维持长远、稳定的关系。股权分配正是为了达到这一目的而设计的。当创业公司决定采用以上哪种股权分配方式的时候，还有以下几点建议供参考。

首先，无论如何分配股权平衡股东间的权益，归根结底还是要围绕股东对于公司资源的贡献、股东对于公司治理的把控、公司未来的融资空间等几个因素来考虑。在认真考虑了这三个因素之后，权衡决定各个股东的股权状况。

其次，对公司的股权结构如果不能达成一致，应尽量保障核心创始人的权益。核心创始人对于公司的发展最有发言权，也必须要保证他的地位，才能够激励创始团队带领公司不断壮大。

再次，股权分配要与公司注册登记相匹配。虽然出资是股权分配中非常重要的依据，但它并不是唯一的依据。有些创业者可能会在工商登记时按照出资比例登记，同时又签署投资协议另行商定真实的股权比例，事实上形成了阴阳协议。这种方式存在极大的法律风险，一旦有法律诉讼，创业者和股东的权益难以得到保护。如果出现实际出资与之前商定的投资比例不一致的情况无法避免时，创始人应尝试采用股本溢价的方式解决。创始团队在工商登记之前先签署一份投资协议，明确每个创业者的实际出资以及股权比例。然后创业者再按照股权比例换算相应的出资额，用这一换算出的出资额进行工商登记。然后，将超出登记出资额的部分计入资本公积金，而不是作为股权的分配依据。[4]

最后，在股权分配的时候，一定要考虑公司的长远发展，预留一部分股权。在公司商业模式得到印证，进入规模化复制商业模式、扩大市场再生产的阶段后，肯定需要吸纳新的合伙人，以提升公司运营能力或技术研发力度。没有期权等激励制度，很难招到合适的牛人，预留一部分股权就是为了激励后续加入的人才。这部分股份一般的做法是请控股股东代持，随着公司股权的不断稀释，期权池的占比可以不变，新人加入之后再分配给他。这时则有必要引入股权成熟机制。比如期权分四年分期给予新人，而不是加入之后立即获得全部允诺的股权。当然，股权成熟制度也有很多不同的方案。总之，使用股权成熟不仅可以保证牛人能够全身心投入公司业务之中、不在短期内再次跳槽，更能够激励其为获得公司业绩增大而更加努力地投入。

案例研究作业

90 后成功人士的创业故事：从大学生到董事长[5]

刘大睿，90 后在校大学生，哈尔滨时光慢递有限责任公司董事长。从打工攒学费到年收入 200 万元，刘大睿只用了两年时间。

（一）从干力气活儿起步

刘大睿家住云南偏远山区。2012 年他考上东北林业大学，成为村里第一个考上大学的人。虽然考上了大学，但来哈尔滨上学的过程并不是那么一帆风顺。为了筹集大学学费，他暑假去过砖厂打工，还去工地上搬过水泥。开学时，他只身一人背着一个书包向着一座离家 3 000 多公里的陌生城市出发，而在此之前，他甚至从未去过省城，更不要说出省了。因为不熟悉入学程序，也不像其他同学那样有家人照顾，在学校的第一天晚上，他一个人在没有被褥的床板上睡了一夜。又因为是贫困生，教材费用交不起，他用的也是上一届学长的旧书。渐渐地，他开始感觉到了一丝自卑，倔强的他开始想要改变……

（二）创业伊始，坎坷而心酸

大一寒假，刘大睿把在火锅店当服务员的钱和贫困补助攒了下来，再向室友借了 8 000 元，一个人独自前往云南和缅甸边境腾冲等地采购玉石，从云南带了很多玉石饰品回到学校。每个周末，他都会带着自己精心挑选、不远千里带来的玉石到中央大街摆地摊贩卖。“在哈尔滨的冬天，我瑟瑟发抖，感觉自己就像个乞丐，或者是那个卖火柴的小女孩，每一次想要哭泣时，我都习惯性地仰望天空，每一次在回学校的公共汽车上，我都睡着了。”谈起自己创业初期的经历，刘大睿感到十分心酸。但也正是因为有了这样的经历，慢慢地，他筹集到了资金，有了一小部分可观的资本。

（三）机缘巧合，偶遇合作伙伴

能取得今天的成功，除了刘大睿自身的努力，还离不开那个一直对他不离不弃的好伙伴赵勇。在学校一场话剧表演中，刘大睿与春节时还为了学费而在他乡餐馆勤工俭学的赵勇相遇了。因为一样的背景、一样的不甘于现实、一样的想寻求改变，他们很快成了好伙伴。

2013 年 5 月，刘大睿和赵勇一起租下了学校一个店铺，每天他们上完课就奔波于各大商场采购各种柜子、货物。

那段时间我忘记了时间、忘记了疲惫，每天都是下午三四点才想起来还没有吃早饭。那时的我们都很纠结，不明白此刻吃的是早饭，还是晚饭。

——刘大睿

2013 年 6 月，他们精心筹备的店开业了，7 月 17 日，他们顺利注册了哈尔滨时光慢递有限责任公司。但是，就在他们雄心勃勃地打算开始他们的创业之路时，噩运也来了……

（四）连番噩运，梦想濒临破灭

这头公司才刚刚注册完，那头他们的注册资料就被泄露了，导致骗子公司、不法分子每天给他们拨打不下 30 个电话，各种各样的骚扰电话扰乱了他们本该正常的生活。2013 年 12 月，他们被一家网络骗子公司骗了 3 000 元。

我想一切只因为涉世太浅，我们还太幼稚，那时的我们还太年轻。

——刘大睿

这一学期的忙碌，让他们已经难以协调工作与学习了，赵勇挂科1科，而刘大睿挂科5科。他们站在失败的门口，徘徊于坚持与放弃之间。

然而，噩梦还远远没有结束。终于熬到了下一个寒假，正当刘大睿想放下一年以来的疲惫，感受一下亲人的温暖时，回到家他发现爸爸不舒服，检查结果是肋骨断了。原来爸爸很久前摔断了肋骨，但是，为了不让儿女担心一直忍着，自己又舍不得去医院。除了肋骨断了之外，检查还发现爸爸有肺气肿和肿瘤。

当爸爸被推进手术室的时候，我觉得作为一个男子汉，我应该撑起这个家。

——刘大睿

因为家庭贫穷，8万元左右的医疗费用让这个家庭雪上加霜。回到学校，公司面临失败，团队的大部分成员选择离开……

（五）坚持，让梦想继续飞翔

我真的非常感谢当时没有离开我的伙伴，正是因为有了他们当时的陪伴，我才能坚持下来，才能有今天。

——刘大睿

在最困难的时候，除了刘大睿和赵勇，只有5个伙伴选择了留下来。为了缴纳房租、还清公司欠款，公司成员陈晓宇拿出自己的奖学金，田晓通省下自己的生活费，狄亚楠、权婷婷、王浩每天默默地在公司工作……正是有了这些忠实的伙伴，刘大睿才有了无穷的力量去克服困难。

终于，在2014年5月，公司成员齐心协力完成了一批业务。

团队成员那段时间整夜整夜地工作，不管男生女生困了就在桌子上趴一会儿，第二天还得继续上课，是这群不离不弃的优秀成员拯救了公司。

——刘大睿

2014年，是刘大睿和他的伙伴们真正成长的一年，也是他们发展的转折期。5月，公司成为国家级大学生创业项目。8月，公司项目进入奥迪创新实验室100强。10月，公司参加“创青春”全国大学生创业实践挑战赛荣获银奖。11月，公司在广州股权交易中心青年大学生创业板挂牌，这也是团中央主导的全国第一批青年大学生创业挂牌的19个公司之一。11月，公司研发的“拾忆”App第一个版本正式上线推广，上线仅仅10天用户量便达到13 700人。梦想终于渐渐开花结果，当初的困难、坎坷都已成为过去。刘大睿和他的团队在他们梦想的道路上继续前行。

（六）心怀感恩，继续前进

我们经历过这么多困难，虽然现在有了一定的成就，但也不能忘记曾经帮助过我们的人。

——刘大睿

公司现有成员30人，有近20人来自贫困家庭，多数来自勤工助学中心，公司每

个月发放的近3万元工资，完全解决了团队成员的生活费用。刘大睿说，希望带领一大群有梦想、有志向的大学生去努力追逐梦想，用正能量去影响周边的人。

2016年，刘大睿的公司业务推向全国，公司真正走出了校园。他带着感恩的心和团队朝更大的目标奋进，打造了一个文化创意与互联网结合领域的品牌公司。经过两年多的摸爬滚打，公司推出了“时光慢递”“时光约拍”“时光档案”等多个产品，逐渐在文创产品中打响了品牌。为瞄准全国市场的长远发展，2018年公司总部正式搬迁到杭州，2019年7月，“时光档案”创意生活记录平台正式上线。

不是每个人都能够在创业的道路上坚持，但我们必须相信，能够坚持到最后的人，一定会取得成功。我希望我的经历能够帮助更多和我一样出身的人，去鼓励更多有梦想的人实现梦想。让他们在逐梦的路上少一些坎坷，少犯一些错误，去回报社会，实现人生的价值。

——刘大睿

研究问题

1. 如何避免刘大睿遇到的公司注册过程中信息泄露的问题?
2. 帮助刘大睿设计大学生文创类公司走出校园、在全国业务拓展适合采用的股权激励方案。

注释

[1] 根据有关法律规定和网上资料综合整理汇总，详见 https://m.lawtime.cn/info/gongsi/gssl/201807263389948.html，收录本书时笔者有修改。

[2] 创业者须知，股权设计的九条生命线，67%、51%、34% 割韭菜高手!. https://www.sohu.com/a/404247313_443649. 收录本书时笔者对内容有改编。

[3] 陈姚. 大学生创业十问. 中国青年报 · 青年时讯周刊，2019 - 08 - 13.

[4] 创业公司股权分配不得不知的“7 大建议”. https://www.sohu.com/a/278423598_753942.

[5] 90 后成功人士的创业故事：从大学生到董事长. https://news.trjcn.com/detail_195517.html.

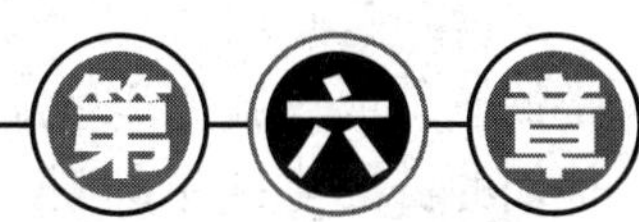

如何开发好产品？

——互联网创业产品打造

对标耐克，做一个伟大的品牌

Keep 的创始人王宁喜欢 Airbnb，认为那不仅仅是一款帮助人们找到房子的 App，也是分享精神的传道者。他认为每家伟大的公司一定传递着某种价值观，他希望把 Keep 做成一家伟大的公司。

拿到投资后，王宁希望未来 3 年第一能使 Keep 成为互联网体育运动流量入口，第二做好用户体验和数据挖掘，第三做起 Keep 品牌衍生品。在北京地铁和公交候车亭，可以见到 Keep 的平面品牌广告，“自律给我自由”是 Keep 正式推出的第一支品牌 Slogan，这也是 Keep 至今投入最大的推广动作。

除了之前提到的“埋雷 + 内测”等推广手段，在产品设计上，Keep 鼓励分享，训练完的人也愿意在朋友圈、微博、QQ 空间这样的社交媒体里秀一下，这个时候又会回流很多的用户进来，这是滚雪球效应，用户基数越来越大，滚的速度就会越来越快，辐射到的用户也越来越多。Keep 微博粉丝 180 多万，微信粉丝 35 万。Keep 市场总监赵茜和她的同事每天会在微博上搜索跟 Keep 相关的内容，点赞、转发，用户得到鼓励，会更加积极地在微博上分享 Keep。

互联网使得王宁可以先做一个全民喜欢的运动平台，再慢慢把自己的品牌衍生品传递给用户。王宁认为健身是一个增量市场，运动是第一环，健康是第二环。“Keep 除了健身之外，也会逐渐上线其他品类，比如说跟健康生活方式相关的瑜伽课程，也会指导健康饮食，从基础健身往泛体育和运动走，再往泛健康走，一层一层地往前突破。”

王宁不排斥未来做线下对接，当汇聚了核心用户之后，Keep 作为流量入口，下一步就是做流量的分发和变现，往下导到场馆、教练也是一种方式。不过，王宁认为，现在这个阶段中国处于运动启蒙的状态，更多的责任在于培养人们的运动习惯，有运动习惯之后才会有找教练的欲望。

谈到 Keep 与私人教练之间的关系，王宁认为是互补关系。“不是每个人打开 Keep 都期待练成像施瓦辛格那样，不是每个人的目标值都是 100 分，绝大部分的小白用户他们的目标值只有 60 分”，“我觉得一个在线产品解决从 0 分到 60 分到 70 分的问题是百分之百可以的，但是从 60 分、70 分到 100 分的事情，对于一个在线产品是很难的，所以要辅助线下的教练去做。”

Keep 还尝试用自己的品牌和著名运动品牌合作，实现线上和线下的联动。比如 Keep 和 Puma 一起做了 24 小时训练营，线下组织活动，24 小时所有人都在密集训练，同时在 Keep 上号召用户一起训练，挑战“燃烧一百万卡路里”的任务，并在很短时间内完成任务。

一、勾画用户模型

勾画用户模型是构思产品或服务的前提，也是创业产品走向实践的第一步。用户模型帮助我们研究并理解用户是谁、有哪些行为偏好，并通过产品来最终实现用户的需求。如何定义用户呢？中国最著名的产品经理、滴滴前高级产品副总裁俞军就强调：“用户不是自然人，而是需求的组合。”也就是说，从创业者、产品经理的角度来研究用户，不仅仅是要知道用户的人口统计学特征等基本统计信息，更要分析其不同的某个用户在某类场景下的某种需求。只有能够满足这种需求，这个人口统计学意义上的自然人才能够成为你的用户。俞军举了个例子，如果某个用户一个月有 100 次使用专车的需求，只有 50 次使用了滴滴专车，那么这个用户就只有一半是属于滴滴的，只获得了半个用户。所以，做产品要强调创造用户价值，因为企业与用户交换的从来不是产品，而是价值。[1]

与互联网产品实践有关的原则、理论高度抽象，下面举个同学们身边熟悉的例子来帮助大家理解。大家有没有思考过，爆款网剧《庆余年》为什么能够成功？借助用户模型来分析：网络时代注意力是稀缺资源，谁能获得流量，谁能取得关注，谁就可以持续收获客户、转化价值。反之，即使产品再好，如果没有持续的获客能力和充分的流量导入，在当今时代也很难获得收益。这也是很多传统品牌无法适应互联网的崛起，最终走向衰败的根本原因。《庆余年》原著有 400 多万字，从十几年前开始在起点中文网上连载，已经属于比较“老”的网络小说 IP 了，历经多家公司都没有改编成功，显然电视剧要依靠纯粹的书粉直接“出圈”难度颇大。

产品设计的前提是先想清楚用户是谁，深刻洞察他们的消费习惯，然后满足他们，而不是去试图改变他们。从电视剧市场来看，传统的电视观众群体和合家观剧的场景都发生了结构性的变化，这就意味着电视剧制作必须跟随用户的观看以及消费习惯作根本性的调整。现在越来越多剧情复杂深刻、依靠传统卫视渠道分发的正剧叫好不叫座，而以《延禧攻略》等为代表，主要在网络平台播出，靠故事情节通俗、有助于观众释放生活压力的所谓“爽剧”日益流行。《庆余年》也具备了这方面的特点，比如主角就像打游戏过关卡一样一直在“升级打怪”。习惯网络文化消费的群体就喜欢轻松简单的题材，因为90后人群这一网剧的主要用户初入职场，工作生活压力巨大，所以网络文化产品的用户会倾向于获得能够完成自我投射、释放压力的文化快消产品，而不是需投入大块时间去体验深刻、思辨自省的内容，这与80后群体热衷于知识付费类产品是完全不一样的消费场景。[2]

在这里值得关注的还有大数据客户模型。据调查，大多数网剧的制作公司和背后的投资方现在已经有了非常系统的大数据客户画像系统，能够对用户作非常精确的统计学分析。这里最著名的例子就是美国Netflix出品的《纸牌屋》。Netflix从创立开始，就意识到数据的重要性。其用户每天产生的如收藏、推荐、回放、暂停等行为，数量高达三千多万个；Netflix的订阅用户每天还会给出评分400万个，搜索请求300万次，询问剧集播放时间和设备等。这些都被Netflix转化成代码，当作内容生产的元素记录下来。早些年，这些数据被Netflix用来进行精准推荐，随着数据挖掘技术的日渐成熟，Netflix开始将其用于倒推前台的影片生产。于是在2013年Netflix的工程师们发现，喜欢BBC剧、导演大卫·芬奇和演员凯文·史派西的用户存在交集，一部影片如果同时满足这几个要素，就可能大卖。Netflix决定赌一把，他们花重金买下了一部早在1990年就播出的BBC电视剧《纸牌屋》的版权，并请来大卫·芬奇担任导演，凯文·史派西担当男主角。结果《纸牌屋》一举成为Netflix网站上有史以来观看量最高的剧集，还在美国及四十多个国家大热。[3]

划重点：俞军的产品“十二条军规”：

1. 自己首先是用户；
2. 站在用户角度看待问题；
3. 追求效果，不做没用的东西；
4. 发现需求，而非创造需求；
5. 决定不做什么，往往比决定做什么更重要；
6. 用户很难被教育，要迎合而非改变用户；
7. 如果不确定该怎么做，就先学别人怎么做；
8. 用户体验是一个完整的过程；
9. 关注最大多数用户，在关键点上超越对手，快速上线，在实践中不断改进；
10. 给用户稳定的体验预期；
11. 把用户当作傻瓜，不要让他思考和选择，替他预先想好；
12. 不要给用户不想要的东西，任何没用的东西对用户都是伤害。

课堂训练

用同学们最熟悉的二次元爆款作品或经典IP，和大家分享一下它们为什么能够成功并长期走红，重点分析一下这个作品的客户模型，包括以下几条：

1. 这个作品的用户细分；

2. 有没有特定的粉丝群体？你认为这个群体有什么突出的特点？
3. 这个作品满足了其粉丝群体的哪些需求？
4. 周边产品或衍生开发情况；
5. 对其周边产品开发运作如何评价？
6. 你是不是这个作品的粉丝？为什么？
7. 你愿不愿意为它的相关产品付费？

二、确定交易模型

交易模型是指一种让企业和用户都认为合理的机制（包括交易内容、交易场景、交易便利性等等），能够促成企业和用户之间的价值交换。无论是创始人还是产品经理，在设计交易模型的时候，都需深刻地洞察交易行为绝不仅仅是表面上的商品或服务与货币的等价交换，这一交易的背后实际上是发生了一定条件下的一系列用户效用的实现。正如俞军在其《产品方法论》中指出的："产品的关键不是其表面的材料、功能、属性，而是其深层的价值，因为产品就是价值交换的媒介。为什么企业总是说创造用户价值，而不是创造产品呢？因为用户关心的是得到什么和付出什么，包括这个产品给他什么效用组合，需要他付出多少金钱或时间等。"

互联网时代，交易的含义更加广泛，本质上用户与产品发生的每一次交互过程都发生了一次交易。所以，如何打磨产品，有机嵌入用户的消费场景，获得用户的注意力这一价值交换过程的关键节点非常重要。影视产业虽然使用了大数据系统，但掌握数据只是完成价值转化的前提，更重要的是产品设计和分发要能够结合用户画像来进行精确设计。网剧等网络文化产品的消费一般都是在上下班通勤、睡前枕边时进行，消费场景极其碎片化。真正优秀的产品往往不需要做太多的广告，最好的广告是客户能够传播给别的用户的口碑，从而再造就新的用户。

所以，制作精良是爆款产品的前提，而适合口碑传播、形成便利的交易模型才是流量时代的生存之道。一部电视剧能够形成快速传播的态势，首先要满足一些基本条件，比如剧情合理可接受、演员演技在线、故事情节不拖沓，还要和现实世界有所关联。这样其在同事朋友间传播的时候才能够显示出推荐者的品位，也有利于大家形成共同的话题。用上述标准来衡量《庆余年》的"基本盘"，还真是都可以打高分。而对于《庆余年》来说，幽默、犀利的台词和强大的人物班底成了传播借力的利器，还特别有话题效应，让其粉丝群体也就是用户能够便利地在办公室、学校等设置议题、交流剧情。剧中有一些明显是为了"搞笑"而设定的人物角色，以及一众演技派担任配角，频频爆出大量金句，显然编剧和导演在改编原著的过程中已经找好了传播爆点。

可见，对于网络文化产业来说，交易模型所包含的内容不一定是直接的金钱交易，用户付出的是自己的时间精力，而制片方、网络平台获得了注意力，也就是互联网经济中最宝贵的流量。有了流量，就可以收获更多的广告、更多的投资等间接收入。总之，

对产品交易模型的设计，就是要能够持续地去发掘较低成本的产品，以满足更高的用户价值，从而在根本上奠定这一价值交换行为的经济可行性和需求满意度。

如何向盲人描述黄色[4]

这道题目是今日头条、抖音等的母公司“字节跳动”为产品经理准备的面试题。下面以 5W1H 为方法，引出解答这道题的思路。首先，我们通过拆分问题，提炼到三个关键词：盲人、描述、黄色。很多小伙伴没有这个习惯，其实我们针对一个问题要学会去提炼里面的关键词，而我们回答的内容要围绕这样的关键词去展开，这样才能确保我们的回答没有遗漏掉关键内容。

Who：让我们的思考过程拥抱对象感

我们先来看第一个关键词“盲人”。为什么要先讲这个词？因为作为产品经理，我们就是用户在公司里的代言人，我们首先要让自己的思考过程拥抱对象感，时刻了解我们的用户画像，这是回答的大前提。

当然用户的画像是多维度的，可能包括年龄、学历、收入等等，我们在有限的时间内无法展开分析，而这道题的用户画像就是“盲”。直到这个程度就够了吗？显然不够，我们去看一下百度对“盲人”的定义。

盲人就是视神经或眼睛患有疾病或受到意外伤害而导致双目失明或单目失明的人，有先天盲人与后天盲人之分。从定义中我们可以看到，“盲人”可能有以下多种情况：先天双目失明；先天单目失明；后天双目失明；后天单目失明。

不同的用户群体解决方案会有明显不同，我们以先天盲人和后天盲人为例。先天盲人，由于没有经历过任何对颜色的体验，所以对他们来说没有任何颜色的概念，不存在“看到”颜色，甚至不存在“看到”。对于后天盲人，由于他有过对颜色的体验，当然有颜色的概念。尽管他现在不能“看到”，但他可以从过往的经验去感知。当然我们还可以继续细分画像，比如后天盲人失去视野的时间点，是不是在对颜色还没有概念的情况下就有视觉障碍了等等。这道题的倾向性显然是先天性双目失明的人，所以在阐述了针对用户画像的理解后，我们可以以先天性双目失明的人进行后续的思考与阐述。

Why：让我们的思考过程拥抱价值感

所以我们接下来要思考，为什么要做“描述黄色”这样一件事？从用户层面上我们可以假设一些可能的价值：满足自己的好奇心；生活与工作需要；更好地融入社交圈子；活下去的勇气和意义……用户是否愿意为了这个产品买单，从而给公司带来价值？公司为了这个产品需要付出多少成本？

显然，为了满足自己的好奇心，用户是不愿意承担太高的价格的，而针对活下去的勇气和意义这一点，用户明显愿意支付更高的价格。这一点，我们在制药行业可以深深地感受到：针对非洲贫困地区的高发病科研的进度都比较慢，而针对欧美地区的高发病科研的进度通常都比较快，新药也会更多。所以，我们如何做的前提是要明确为什么要做，到底值不值得做。

What：让我们的思考过程拥抱产品感

现在我们假设“描述黄色”这个产品有足够的价值，那就开始做吧。于是很多小伙伴就开始考虑流程，思考如何描述“黄色”。这样做对吗？答案是否定的，我们一定要明白：任何产品都不是需求本身，而是用来满足需求的工具。面试官提出的“描述黄色”，只是他认为能满足需求的“自己设计的产品”。

我们举个例子，你在奶茶店要了一杯橙汁，要记住：橙汁只是产品，不是需求。那你的需求是什么呢？有可能是健康的、酸甜口味的、价格适中的、能解渴的饮料。所以，你需要的不一定是橙汁，有没有可能我给你一杯酸奶会更合适？在这个问题中，用户真正的需求到底是什么？是希望拥有真正鉴别黄色的能力？是希望体验到黄色带给自己的感觉？还是了解黄色的定义？只有摸清楚了用户的底层动机，我们设计的产品才会有正确方向。

When 与 Where：让我们的思考过程拥抱场景

在了解了用户的真实动机后，我们接下来要了解用户的场景。我们以市面上的知识付费产品为例，用户的核心诉求是获取知识，但满足这个需求的产品形态却各不相同，这主要就是场景不同导致的，我们来想想以下几个场景：专门坐在教室里；上下班骑车；晚上在家中随意躺着……

不同的场景用户希望获得的解决方案是完全不同的。比如在上下班骑车时听，这个场景下用户是不能接受认知负担太重的知识灌输的，因为一走神就容易跟不上，同时因为骑车导致视觉被限制，视频的形式就不适合在这个场景下作为产品形态。

回到刚才的问题，我们继续假设，用户真正的需求是希望拥有鉴别黄色的能力，接下来我们就需要考虑用户是在什么场景下来鉴别黄色的。是在嘈杂的工作场景，还是在安静的生活场景？白天还是夜晚？在有了充分的场景考虑后，我们才能明确我们的产品形态。要记住，“描述黄色”不是产品，能在合适的场景下被用户接受的“描述黄色”才是产品。

How：让我们的思考过程拥抱结构感

前面提到的内容都是隐藏在问题背后的思考，但产品经理除了需要有对需求充分理解的能力外，也需要有能将思考落地的能力。作为面试官，他需要的不仅仅是一个只会侃大山的产品理论家，他也需要一位能对产业、行业有深刻的判断，知道如何将技术与资源整合形成产品的产品实践家。

在敲定了用户画像、产品价值、需求本质以及用户场景后，我们开始直面这个问题："如何向盲人描述黄色?"很多小伙伴肯定已经迫不及待地想给出自己的方案了，比如直接告诉用户"黄色带来的感觉，就像冬日里的阳光"等等。这样的答案合理吗?答案是否定的。为什么？因为我们一直强调，面试官在意的是你的思考过程，而不是要一个你认为的正确答案。

针对产品设计，我们不应该一开始就给出细致的产品方案，应该先把用户流程进行分解。"如何向盲人描述黄色"大致可分为三个步骤：

1. 表达人对黄色进行描述；
2. 这份"描述"通过某种媒介进行传播；
3. 接收人将收到的信号还原成对黄色的理解。

我们以刚刚那个案例为例。"黄色带来的感觉，就像冬日里的阳光"，表达人阐述了黄色，这份"描述"以通过"冬日的阳光"给用户的感觉作为媒介，接收人接收到后通过回忆冬日的阳光的感觉还原成对黄色的理解。在有了流程的大框架后，我们再去结合前面讨论的用户画像、产品价值、需求本质、用户场景，最终就能设计出"如何向盲人描述黄色"这款产品。具体的设计细节这里就不展开了。

三、构思商业模式[5]

国内学者魏炜、朱武祥对商业模式的定义是："商业模式就是利益相关者的交易结构"。商业模式理论所要解决的问题，就是弄明白跟谁交易、交易什么、如何交易（交易方式）以及如何定价（交易定价）这四个问题。能把这四者的关系处理好，并在商业实践过程中根据用户的需求和环境的变化随时地进行调整，也就是把之前提到的用户模型、交易模型全部融会贯通起来，才能够真正发挥出商业模式理论的魅力和价值，也就能给企业和产品实现真正的赋能。

（一）综合各方需求，解决问题

无论设计商业模式还是研究用户模型、交易模型都不是一个线性过程。上述四个问题不能割裂开来考虑，不是说先找到客户、然后再分析他们的需求进而设计满足他们的产品，这之间不存在先后顺序或高低主次之分。现在经常被用来设计商业模式的工具是"商业模式画布"，但也不可迷信或滥用。"商业模式画布"是商业作家奥斯特瓦德提出的概念，是一种"将元素标准化以用来描述并可视化商业模式要素的工具"，方便对已有的商业模式进行更好的可视化分析。但并不代表只要把一个项目或企业按照画布上那张九宫图"对号入座"，靠"填空"就能接住天上的馅饼。而创业者如果把主要的时间精力都放在如何满足表格的要求上，而不是真正地去洞察客户需求、设计构思产品服务，也就本末倒置了。

所以，当我们决定走上创业的道路，开始构思未来的产品或服务的时候，首先想到的是要解决什么问题。通过你掌握的资源和整合能力，能够把谁的问题解决好，谁就是你未来的客户。注意商业模式强调的是利益相关方，而不是顾客或消费者。与创业生意利益相关的人很多，不仅仅是付费的那个人或群体。例如K12 教育领域的消费者往往都是家长，而用户则是使用你提供的学习产品或服务的孩子；商业咨询和人力服务公司的付费者一般是企业老板，而实际使用咨询服务的则是职业经理人或企业中层。商业模式理论所要解决的，是如何让利益相关方都在这个过程中分享利益，甚至你的竞争对手。比如 VIPkid 围绕中国 K12 领域的英语启蒙教育问题，让家长可以足不出户在课外帮孩子解决在学校里难以获得的专业英语启蒙，让孩子可以得到一对一专业辅导，让北美本土化师资可以通过在线方式直接开展远程教学。而利益相关方围绕的核心，还是发现问题和解决问题。

（二）洞察真实需求，寻求价值机会

发现利益相关方（用户）的问题以及帮他们解决问题，就需要一个深刻的“洞察”过程。过于迷信市场调查和抽样问卷往往会带来平庸的结果，甚至是对用户需求的误导，创业者更多需要的是对产品和市场需求的洞察。乔布斯曾经说过：“我们不会到外面做市场调研，只有差劲的产品才需要做市场调研。”同样，汽车大王福特也曾有名言：“如果我当年去问顾客他们想要什么，他们肯定会告诉我‘一匹更快的马’。”受到被访者在专业性、表达能力以及调查环境等各方面因素的局限，通过一般的市场调查其实很难获得真正的客户需求。事实上，大多数客户也不知道自己的需求是什么，以及如何清晰地描述出来。诚如福特、乔布斯等伟大的创造者所言，如果按照经典理论来规划产品，绝对不会有福特汽车、苹果手机这样的颠覆式创新产品的出现。

但并非创业者就不需要与用户面对面。值得强调的是，“洞察”不同于我们从小在课堂上老师常常会讲到的“感悟”。“感悟”强调的是侧重于学习或实践后的心领神会，所以常说“顿悟之感”“醍醐灌顶”，而“洞察”所依赖的则是基于用户与所处场景的实践性观察。“洞察”的来源，可以是用户关于某件事情长期得不到解决的抱怨，比如上下班高峰期 CBD 楼宇门口老是打不到车（打车软件），从地铁站到家门口打车太贵、走路又太远（共享单车）；也可以是用户愿意花更多的时间、精力或成本来获得更好的服务、更高品质的生活，比如回家之前提前打开家中的空调或净化器（智能家居）、让自己的出行变得更加舒适高效（智能驾驶）。通过洞察，我们要实现的目的，是能够将用户的需求和场景建立一个立体的价值转换系统。不仅发现用户的显性需求（“一匹更快的马”），更要挖掘其背后的隐性需求（更舒适、更稳定、更便捷的出行）。不仅要发现他们直接的、现实的需求（更好的手机信号、音质），还要描述用户的消费习惯、生活习惯乃至中长期的结构性变化（更加智能、可以全方位满足生活需要的移动终端）。不仅要发现能够解决的问题（打车难），还要洞察其背后利益相关方 / 竞争对手为何解决不好这个问题（出租公司 / 交通管理部门），以及如何将他们转换成价值链条中的合作者（打车平台）。

当然，还有一个问题就是“伪需求”、“伪问题”，对用户需求的观察要是走偏了就很可怕。例如，曾经被市场追捧为互联网餐饮产品明星的“雕爷牛腩”，最终禁不起门庭冷落，草草关店收场。即使是雕爷这样公认的营销大师，如果仍然搞不清用户到饭

馆吃饭，真实的需求是享受美食还是来“看表演”，一样会得到悲剧的结果。其实归根结底，这种情况的出现仍然是没有真正满足“洞察”的要求。

（三）设计交易结构，植入消费场景

所以，在发现问题和规划产品的同时，其实就要同步思考和设计交易结构问题了。相关的环节包括生产最小化可行成品（MVP）的实验，需要站在用户的角度去体验产品，以及消费的场景和使用的场景，这就直接和交易方式相关联了。交易方式则与定价策略密切相关，包括预付费、后付费、垫资、补贴甚至免费等各种形式，这样又会与利益相关方的合作模式、交易结构产生交叉联系。

如果没有阿里 / 淘宝的强大支撑和现实支付场景的需要，就没有支付宝和蚂蚁金服的今天；同样，没有强大的微信用户基础和腾讯的背书，微信支付不可能这么快地覆盖全国乃至全世界的各个角落。在谁都不知道你是谁的前提下，怎么能够让自己和投资人信服可以拿到比 BAT 更低的获客成本，可以让用户放心地扫你的二维码、预付大量的费用？谁都想建生态、做平台，但也不是有钱就一定能做成的，最典型的例子就是乐视。“生态化反”曾经被贾跃亭挂在嘴边，吸引了不少投资人和研究者的关注。其实我们也不能说这就是一个噱头，但通过家电、视频网站乃至汽车等等构建起一个全方位的生态来实现商业模式的盈利，确实路径太长、难度太大，前期到底需要投入多少成本至今也没有谁能说得清楚。只要资金链紧张一点、政策收紧一点，公司就随时支撑不下去了。

设计交易的同时还要计算利益相关方可能涉及的交易成本问题。很多项目在理论工具（比如“商业模式画布”）上推演得很理想、很美好，但是在实际运行起来之后，就会冒出来很多意想不到的交易成本。这方面有很多失败的案例，比如曾经红火一时的上门洗车 / 保养、美甲，诞生伊始就拥有可以抵消店面成本、场地租金等等美好的设想，但实际运行的时候才发现，反过来“找顾客”的通勤成本、人工成本、空闲成本太高，甚至还产生了更高的获客成本。共享单车的失败也包含这个因素。ofo 在大学校园这样的场景里可以有效控制车损成本，盈利模型也非常准确，但放到城市的消费场景里，仅靠创业公司的力量，完全无法支撑高昂的车损和维护成本，最后只能成为资本游戏推动的“炮灰”。

案例研究作业

Summer：在大学谈一场恋爱吧

（一）萌芽已久的创业梦

2011 年，王荣山从西安电子科技大学保研到北京大学的信息科学技术学院。早在高中时期，王荣山就开始考虑自己的职业发展，并萌生了创业的念头。因此，在北大读研期间，他开始做各种各样的尝试。他希望通过这些真实的参与经历获取充足的

积淀，对商业有更深入的体会，以此来保证自己以后真正完成自己的梦想时可以避免遭受不必要的挫折。在一次次的创业想法落地后，王荣山逐渐摸索出了自己对创业的感悟。

创业想法第一次真正落地是在北大创立了水果在线预订网站——“早市网”。在北大生活了一段时间，王荣山发现了商机：学校的水果超市里水果种类有限而且价格很高，不能很好地满足同学们的需求，而当时学校周边的早市有很多销量不太乐观的果商。于是他想要做出一个平台，建立在校学生和早市果商的联系，提前收集同学们的水果需求，再统一去水果商那里采购。经过一段时间的思考和调研，早市网在北大正式上线，没过多久，早市网全校皆知，订单爆棚。第一次的创业项目顺风顺水，这更坚定了王荣山走自主创业路的想法。然而没过多久王荣山就遇到了创业路上的第一个“雷”。毕业前期，王荣山以早市网的项目加入许鲜，项目更为正规，也更加大型，影响力扩大到整个北京地区。然而此后，因为与管理层的发展想法冲突，王荣山在公司的位置变得略显尴尬。且由于加入初期王荣山并不了解商业法律，缺乏股权意识，决策分量微乎其微。最终，他被迫退出许鲜。

这些经历教训最终转化成了宝贵的财富。也正是之前的创业的一次次磨炼，使他更加成熟稳重，此时的他谈及创业、谈到 Summer 才能表现出一身的云淡风轻。

（二）Summer 的缘起

Summer 在王荣山的心里已经生根发芽多年。在他看来，大学生到了大学的花季年纪，想要谈恋爱是本能需求，而且他发现人们的恋爱对象并不一定是身边的同学或者朋友，所以这是一个很大的创新市场。

其实每个人都是向往脱单的，所以这是一个必然的市场。怎么来解决这个需求？2012 年的时候现在的人人网创建了一个熟人的社区，但是那时候我们考虑其实原本不认识的一些人通过交流相识也是一个有趣的点，所以我们当时就想把大学生社区做成一个陌生人交流的网络，在一个健康的平台上不断去邂逅不认识的人，有感觉的话就可能成为朋友，甚至成为男女朋友。这便是 Summer 最开始的出发点。

——王荣山

从 2012 年到 2017 年，这个想法一直在王荣山心中生根发芽。但在他看来，这个时间段时机还不成熟，产品想法不是很完善，加上觉得自己的能力还不足，所以他选择暂时放下创业想法，先去大企业工作，提升自己的能力。创业一定是站在前人的肩膀上一步步地进行的，要借鉴前人或失败或成功的经验，要不断完善产品，要不断提高自己的实力。厚积薄发、沉潜蓄势也是一种智慧。

（三）初创

2017 年，在朋友的帮助下，王荣山拿到了创业的第一桶金。这笔资金的来源印证了他一直以来的信念：商业圈里真情和资源是很重要的，创业需要有贵人扶持。有了资金之后就需要创建团队，Summer 的真正落地还需要设计师、运营人员和技术开发人员。

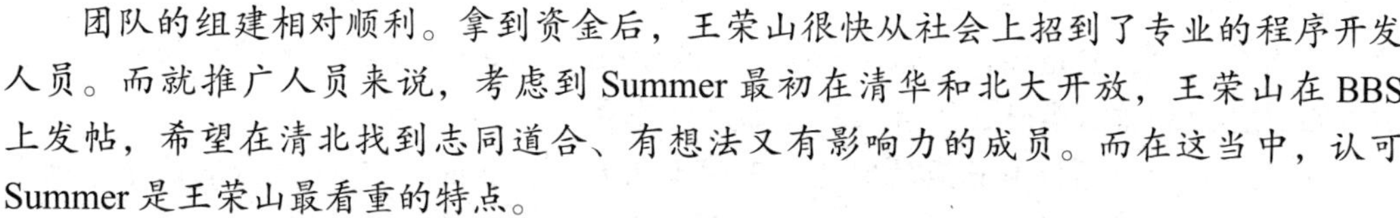

作为 CEO 就是要找钱找人，事情已经定好了，你就找钱找到人就行了，找到钱后面去找人也比较方便。

——王荣山

团队的组建相对顺利。拿到资金后，王荣山很快从社会上招到了专业的程序开发人员。而就推广人员来说，考虑到 Summer 最初在清华和北大开放，王荣山在 BBS 上发帖，希望在清北找到志同道合、有想法又有影响力的成员。而在这当中，认可 Summer 是王荣山最看重的特点。

Summer 运营前期，产品的未来不确定性很强。因此，愿景和热情在团队搭建初期发挥了至关重要的作用。而当 Summer 运行了近六个月之后，此时的团队已不能满足公司的发展需求，公司开始正式招募员工，慢慢地组成现在十几个人的团体。

资金和团队都确定之后，王荣山没有着急宣传，而是多次进行种子用户内测，根据用户的使用体验和实际运行中出现的问题不断更新和完善产品。2017 年 9 月，Summer 正式投入北大清华。前期推广歌曲《春风十里不如隔壁》引发了清北学生在朋友圈刷屏，极大地提高了 Summer 的知名度和影响力。短短两个月内，7 000 多名清北学生注册使用，用户留存度也相当可观。此后，团队根据用户反馈及时更新迭代产品，用户口碑和影响力朝着王荣山团队期待的方向发展，公司的运营体系也逐渐完善和成熟起来。

（四）“985”“211”高校的开放

“名校光环”总是容易引人注目。独属于“985”“211”学子的品牌宣言使 Summer 在一众恋爱交友 App 中脱颖而出。坦率来讲，基于同一群体的认同感也确实能更高概率地帮助用户找到合适的另一半，使“谈一场不分手的恋爱”有了一种专属于小群体的默契和优越感。随着清北 Summer 效应的影响扩大，很快就有天使投资人投来感兴趣的目光。但王荣山却是有选择地看待这些得来不易的橄榄枝，正如团队搭建时期，他看重的是投资人对产品的认知规划与自己未来的发展理念的契合度。在跟一些机构聊过之后，王荣山选择和在校园市场已有较大影响力的投资方唐彭森合作，双方对 Summer 的产品理念的高度契合促成了这笔交易。资金进一步到位后，王荣山开始着手开放“985”的具体工作。

11 月初，Summer 向哈佛、剑桥、斯坦福等国外顶尖大学开放，11 月底又向复旦、人大开放，12 月又向全国排名前十的其他高校开放，市场的一步步逐渐开放让王荣山看到了产品的发展前景，也不断按照用户的使用体验反馈保持着产品的高速更新迭代。2018 年初，Summer 面向全国 40 多所“985”高校全面开放。2018 年 6 月，面向全国 60 多所“211”高校开放，至此，用户数量开始爆发式增长。为了增强现有用户的使用体验，进一步在全国范围内扩大市场，Summer 在保留原有的用户聊天和答题交友功能的同时，进一步丰富和增强用户的交友场景，用户也可以通过如“周末 CP”、“七夕约电影”和“双十一六人行”等活动联系交流，用户的参与度和积极性都很高。“985”“211”学子聚集地如今是 Summer 最深入人心的形象。

（五）未来——双向筛选，定制社区

大学生交友 App 一直是市场青睐有加的，而这个方向的竞争也十分激烈。在此环境下，Summer 要如何长久立足是一大问题。而王荣山先生似乎在这方面也做好了准备，他十分自信地说，Summer 会凭借它的先发优势和 Summer 团队打造的健康的社区环境留住用户，他相信这类社交平台上用户黏性的力量。

对于如何面对同行业竞争的问题，王荣山认为，Summer 的独特优势有两个：一个是它的开创性，一个是它的产品特色。开创性在于在大学生聊天交友软件中，Summer 是最开始的那一个，已经有用户的整个黏性和氛围了，目前积累的用户、口碑和资源都是其他后来的软件模仿不来的，毕竟人们也很难再重新去了解、去使用一个相似的软件。同时，在产品特色方面，Summer 首创了答题交友的门槛，坚持校园实名认证，这是其他泛交友软件所不具备的。

这里有个先发优势的问题。我们做起来之后其他人都做不起来了。抄是没有用的，说白了如果再让你去注册、再审核一遍，这个动力非常不足。我们已经有了用户的黏性和氛围，所以这类产品实际上都是没有出路的。

——王荣山

此外，王荣山相信，他们现在放弃了一大块市场而只选择面向“985”高校开放创造出来的门槛对 Summer 是有利的，Summer 十分重视用户体验这一概念，也一直致力于为用户提供健康的社区环境。王荣山团队在一次次的摸索中也一直在思考如何在用户群体扩大的情况下仍然保证用户的产品体验，如何去维系这个产品的健康生态，如何让 Summer 始终保持与众不同。从这个点出发去考虑用户的反馈，他们未来计划将 Summer 打造成一个双向筛选的社区，使每个用户可以根据自己的喜好来选择学校、内容和用户，通过自己添加筛选条件，让每个人都可以找到符合自己圈子的用户，打造属于自己的定制社区。比如目前的隐私设置、匿名隐私设计都是为了实现用户的定制社区。

关于 Summer 的未来，作为 CEO 的王荣山给出了自己清晰的规划。他希望 Summer 可以真正地深耕校园市场，让更多的同学可以在 Summer 认识有趣的同学、朋友，记录珍贵的校园时光，在人生最美好、最纯粹的 4 年中收获一场不分手的恋爱。

（采写：王利芳、高钰、向娇阳；修订：占烁。）

研究问题

1. Summer 的用户模型是如何逐步构建的？
2. 为什么王荣山认为 Summer 这个产品产生了比较强的用户黏性？这种优势是否有助于 Summer 走出校园、进入社会交友软件市场？
3. 如何在保持用户体验的前提下，实现 Summer 社区的商业变现？请帮王荣山设计一个简单的未来发展战略规划思路。

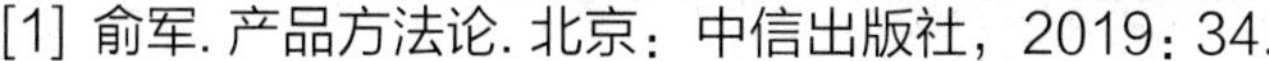

注释

[1] 俞军. 产品方法论. 北京：中信出版社，2019：34.

[2] 陈姚. 庆余年缘何爆红兼议创业产品如何找客户. 中国青年报 · 青年时讯周刊，2019－12－27（01）.

[3] 杨晓艳. 大数据是如何捧红纸牌屋的?. https://36kr.com/P/1721520160769.

[4] 字节跳动面试题：如何向盲人描述黄色?. http//www.toutiao.com/a6765656912114483719.

[5] 陈姚. 手握九宫图就有好产品了吗. 中国青年报 · 青年时讯周刊，2019－12－06.

客户在哪里？
——创业数字化营销

数字化营销时代

（一）数字化营销时代来临

在传统的营销时代，企业大多通过电话、广告、分销等方式将品牌、产品或服务的信息推送给客户，同时关注竞争对手给客户传递的信息，以发现并阻止影响客户对品牌、产品或服务产生好感的干扰因素。在此过程中，企业品牌、产品等信息的传播多为单方面的广而告之，客户成为被动的信息接收者，这种单线传播的模式使企业与客户之间产生了巨大的区隔，好的广告创意及制作、覆盖率高的媒介成为企业品牌塑造过程的关键。

根据中国互联网络信息中心（CNNIC）发布的第44次《中国互联网络发展状况统计报告》[1]，截至2019年6月，我国网民规模达到8.54亿，互联网普及率达61.2%，较2018年底提升1.6个百分点；我国手机网民规模达8.47亿，网民使用手机上网的比例达99.1%，较2018年底提升0.5个百分点，手机成为人们生活中不可或缺的“第一媒介”，人与信息之间的联系变得更加紧密，这也使传统的营销模式的主动权变得越来越小，而且成本日益攀升，已经无法适应当下快速变化的市场经济环境，企业原有的品牌塑造模式也将面临新的挑战。数字化营销的出现及快速发展为企业进行“一对一”客户精准运营提供了技术支持。数字化营销时代的企业品牌塑造更加注重互动性、能动性和自主性，时刻以客户的个性化和碎片化需求为中心，将客户纳入企业的生产和营销环节，及时发现并满足客户的动态需求，以提升客户体验及满意度，增加客户黏性、忠诚度及复购率，进而使客户主动为企业做口碑传播，共同塑造品牌价值。数字化营销既有品牌的服务理念作为精神依托，又有强大的技术作为基础，为客户提供更加深刻的品牌体验。

（二）宅经济加速数字营销转型

2020年初，一场突如其来的新型冠状病毒肺炎疫情使得企业经营困难，企业生存压力陡增，尤其是依赖传统营销渠道的企业受到了很大冲击，产品或服务无法销售，企业的发展及生存受到极大挑战。在疫情的冲击下，很多产品型或服务型企业发现，原有的客户关系被打破了。一方面是由于企业员工与客户离散分布，在新旧客户的触达上遇到了巨大阻碍；另一方面是由于很多客户处于自救状态，对原有的产品和服务的需求发生了改变。疫情防控催生了新型消费、升级消费，也倒逼着企业加速开掘“宅经济”，为数字化营销转型提供强大的推动力。企业深刻意识到数字化应对方式对于企业生存发展的重要作用，借助数字营销开展线上获客将是未来市场发展的必然趋势。

2020年2月9日，工业和信息化部印发《关于应对新型冠状病毒肺炎疫情帮助中小企业复工复产共渡难关有关工作的通知》，明确提出支持企业数字化转型，大力推广面向中小企业的互联网平台服务，帮助提供线下服务的企业创新商业模式，拓展线上服务。企业亟须探索新的商业模式，从单一的线下场景向线下线上双互动模式转变，通过持续生产通达客户的优质内容绑定客户，进而建立企业与客户的私域流量。

（三）数字化营销时代的客户关系重构

数字化营销时代使得企业内外部的环境与业务均发生了改变，作为创业者，第一件要做的事情就是重新去洞察客户需求的变化，“扪心四问”：第一，已有客户与潜在客户当下的痛点是什么？第二，客户选择和购买产品或服务的方式是否发生了变化？第三，客户认可产品或服务的价值点是否发生了偏移？第四，客户对产品或服务是否有了新的期待？被誉为“现代管理学之父”的德鲁克曾说过一句非常经典的话：企业的定义应当由客户来回答。企业只有了解了客户的真正诉求与痛点，才有可能去创造客户真正想要的价值。当企业尝试重构与客户的商业、价值链接时，情感链接的建立至关重要。如果能与客户保持一个良好的情感链接，赢得客户的信任，则能够大大降低客户后期转化时的难度。企业不仅要及时重构自己与客户的关系，同时还要调整自己对客户的营销价值体系，这样才能有效减少客户的流失，在危机中迎来转机。

数字化营销以客户需求为根本出发点，依托大数据、云计算、区块链、人工智能等数字化技术，创新营销方式和流程，整合传统营销资源，联动线上渠道与线下渠道，不断提升企业资源配置效率，提高产品及服务触达客户的精准度，以更先进、更灵活、更高效地响应客户需求，从而实现产品业务和营销体验的优化升级。

当今互联网快速发展、智能移动终端不断普及，越来越多的企业开始意识到数字化营销是突破传统业务瓶颈、解决营销获客难题、打造私域流量的利器，并逐渐将其纳入企业市场营销体系之中。在市场营销中我们常说：营销要去人多的地方！传统的市场营销常“去”的人多的地方包括公交、地铁、QQ、微信、微博、抖音等等。数字化营销并不是完全脱离于传统的营销和网络运营方式，只是相比于传统营销只知道人多的地方，数字化营销则可以利用大数据分析出客户多的地方，同时还能够分析出你的客户所在地域、性别、年龄、学历层次、兴趣爱好等，从而更加精准地进行营销投放。创业者应把数字化营销作为企业发展创新的突破口，借助大数据进行精准营销，构建

覆盖客户与品牌、产品、服务的多维度数据系统，提高市场营销决策的预见性、前瞻性和创造性，形成更具针对性、成本更低的数字化营销体系，进而推动企业的数字化进程。

一、全触点获取客户数据

一直以来，“增长”和“获客”都是企业最关心的问题。随着互联网技术的快速发展，人口红利正在逐渐消失，企业间的竞争开始转向存量市场。流量赋能愈发艰难，如何寻找破局点，实现新一轮的增长，是摆在所有企业面前的难题。依托大数据、云计算等技术的数字化营销，抓住新技术变革的历史机遇成为企业破局之道的关键。如何更快速地产生数据、更全面地收集数据、更精确地分析数据，并根据数据分析做出更符合市场变化的营销战略，成为每个企业获客增长的新引擎。数据采集是企业在数字化营销中首先要解决的问题，也是大数据客户群体画像最有效的依据。

（一）创业企业拥有的数据资源

1. 第一方数据

企业的第一方数据主要包括交易订单数据、行为数据、产品等业务对象数据及外部工具产生的数据。其中交易订单数据主要是从企业管理系统、客户管理系统、销售系统中产生的各类交易信息，包括订单、购物车、收藏夹等；行为数据主要是客户在网站、微信公众号、微博、App、抖音、小程序等各类第一方触点上产生的大量行为数据。比如访问页面、关注微信、表单提交、转发点赞等等；产品等业务对象数据主要包括产品库存、价格波动等与客户极度相关的数据；外部工具产生的数据指的是由邮件、微课堂、微店、报名表单等现代营销所依赖的外部工具产生的数据。

2. 第二方数据

企业的第二方数据主要是指由合作媒体系统反馈的数据，包括广告投放、视频、门户、垂直媒体等提供的数据。

3. 第三方数据

企业的第三方数据是指由数据平台、运营商等第三方数据供应商提供的数据。

（二）建立企业数据池

虽然创业企业事实上拥有数据资源，但仍有很多创业者难以回答诸如“企业掌握的数据能否反映客户的真实情况及需求”“企业不同部门需要的客户数据维度是否一致”等问题。究其原因，很多企业的数据是割裂的，不同部门的关注点不一样，依赖的客户数据也不相同，例如销售部门依赖于客户关系管理数据，售后部门主要看客服系统数据，数据分析团队使用数据仓库或者客户行为分析工具，就好像盲人摸象一样，每个部门看到的只是自己关注的部分，而不是客户的完整情况，数据的割裂对企业运营造成了极大的挑战。企业需要一个数据池作为基础，保障后续的流量运营。建立企业数据池的优势有：

1. 打通数据壁垒

在数据筹备阶段，企业需要制定通用的数据标准和共享的数据来源，连接不同渠道上的每一个客户互动，从微信到网站，从企业管理系统、支付服务到客户管理系统。然后再将数据传递到不同部门的系统中，使数据在不同系统和不同部门之间流动，打破公司的“部门墙”，使每个部门都可以看到完整的客户数据，从而对客户有全面的了解，提升运营效率，同时也有利于建立用数据说话的企业文化。

2. 构建客户画像

在数据洞察阶段，企业需要将搜集到的零散的客户属性、行为数据转换为不同的客户标签，按照价值将客户划分为重度客户、购买客户、关注客户等。包括客户喜欢的产品类别、购买频次等，并对这些特征进行分析、统计，以挖掘潜在的价值信息，构建客户画像。对客户进行细分之后，企业在后续运营中可以依据不同的客户标签，为客户提供有针对性的服务。

3. 管理完整的行为数据

企业可以通过客户的行为数据来补充、完善客户画像。通过全触点获取客户数据，可以更加全面地了解客户，掌握客户的喜好、客户行为发生的时间，从而更精准地制定营销策略。通过捕捉客户的完整行为数据，企业可以敏锐洞察客户意向，在不同阶段制定针对性运营策略，充分挖掘客户的生命周期价值。企业数据池是流量池的数据基础，高质量的数据可以为分析决策、精细化运营提供重要参考。不断挖掘数据价值可以更好地为客户服务，为企业带来更多的流量。

目标客户群体画像[2]

分析身边的一款产品，如流利阅读、小红书、抖音……根据以下准确定位目标客户画像的流程图（见图 7－1），完成其目标客户群体画像。

1. 提取产品优势和卖点

首先我们要列出产品本身的主要优势和卖点。

2. 解决客户痛点，引起情感共鸣

从优势和卖点出发，我们接下来思考两点：产品能帮助客户解决什么困难？如何让客户在情感上找到共鸣？

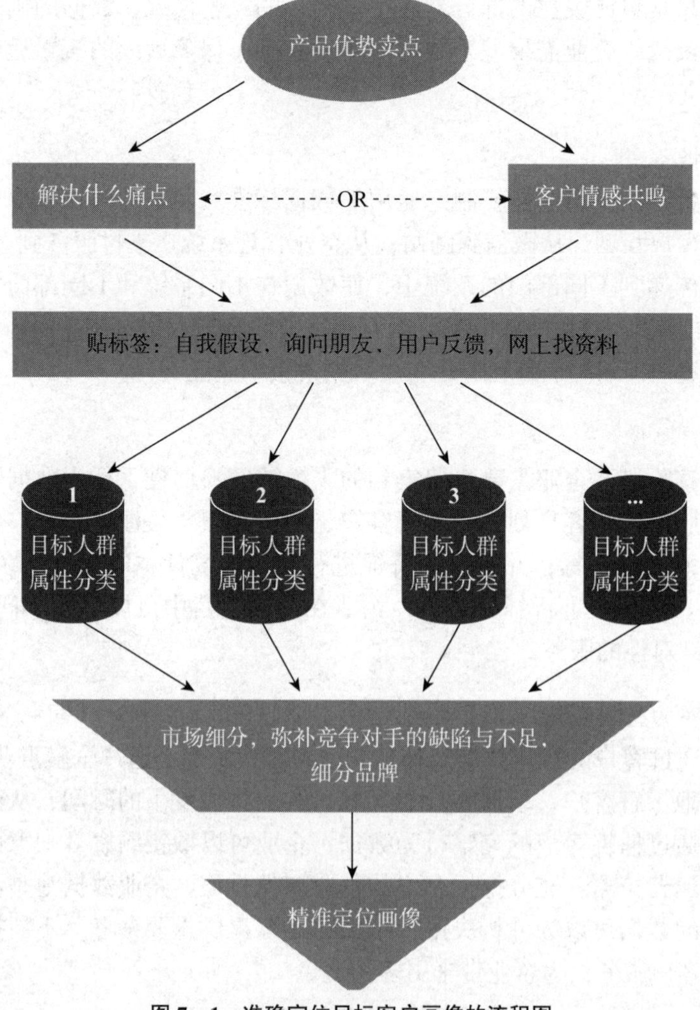

图 7－1　准确定位目标客户画像的流程图

3. 定位目标客户属性

针对上面的客户痛点和情感共鸣进行延伸，定位目标人群所具备的属性。这里提供四种可以参考的方法：自我假设（头脑风暴）、询问朋友、客户反馈、网上找资料。

（1）自我假设（头脑风暴）

简单来讲就是自己问自己问题，通过各种假设来判断什么样的群体会有上面所总结出来的困难和焦虑，我们可以从多个角度去假设，比如性格、年龄、学历、区域、爱好、喜欢浏览网站、工作、经济收入等，发现产品目标客户群的形象定位。

（2）询问朋友

可以向身边的朋友咨询，尤其本身就是我们产品目标人群范围内的那些朋友，可以多和他们交流，从他们给你的建议中挑选出比较好的、具有普遍性的，这些都可以作为你定位精准目标人群画像的思路。

（3）客户反馈

从客户的反馈中来分析自己之前的客户群定位是否准确，是否已经解决了大部分客户的痛点，或者他们身上还有哪些潜在需求是我们没有注意到的、可以进一步去满足的，所以客户反馈一定要利用好，它可以帮助我们改进产品，还能帮助我们拓展更多的精准客户群。

（4）网上找资料

通过网上查找资料的方式来定位目标人群，如下载与产品相关的统计报告（如艾瑞、易观国际）、搜索指数（如百度指数）、数据统计后台（如百度统计、Google analyitcs），大家都可以尝试一下。

4. 细分卖点

筛选了目标客户群的大致属性分类以后，可以说基本上我们找到目标人群的轮廓了，但是可能你找到的目标人群属性别人也都找到了，竞争很激烈，所以接下来我们要选择一个比较好做的市场，也就是细分卖点，这样我们的定位才会更加精准，客户的需求才会更加强烈。

为了筛选出更加精准的目标人群，我们要在产品优势和卖点上面加上市场和竞争这两个维度。只有做到"人无我有，人有我优"，你的目标客户才会认可你！那么问题来了：如何才能不随波逐流，去细分卖点呢?

5. 针对目标客户营销

细分完市场和卖点以后，可以说数字营销中对目标人群的定位基本上大功告成了。也就是我们营销的时候经常说的，你的"鱼塘已经找到了"，针对这些人群做的营销才是最合适的，转化率才会大大提升，最终起到事半功倍的效果！接下来我们要做的就是找到这些"鱼"，并且把它们钓上来。

二、数字化平台赋能

数字化营销"收口"是企业获取客户数据的地方，也是客户具体了解企业的地方，企业要将其产品、服务等信息以丰富多彩的样式展现给有需求的客户，并与客户间产生更多互动，最终达成交易，从而实现有效的客户转化。数字化营销"收口"主要包括企业自营的网站、App、微博、微信公众号、头条号、社群等。除此之外，还包括一些付费媒体平台，如搜索引擎广告、电商广告、信息流、各大媒体及垂直投放平台等，这些平台不仅是承载着企业业务内容的重要载体，也是企业吸引客户、采集各类客户数据信息的重要渠道，为数字化营销精准获客提供数据支持。精准的本质在于营销决策用数据说话，因此，企业必须首先收集足够的客户数据信息，保障数据的有效性、安全性，才能够实现对客户的深度洞察，准确建立客户画像及分析体系。

公域流量成本高并且流量红利时代已过，流量的竞争近乎惨烈，获客成本不断增加。例如在淘宝、京东等中心化平台里，流量基本都集中在头部企业，流量挟持使得小企业难以生存。在流量短缺且昂贵的情况下，不仅要抢别人碗里的流量，还要时刻提防被人抢，于是私域流量顺势成为备受企业关注的运营模式。越来越多的企业认识到打造私域流量池、加强用户运营、管理提升用户价值的重要性，开始着手建立自己的鱼塘，进行“存量客户精细化运营”，积聚用户流量池，深度维护与营销，试图通过低成本撬动具有强复购能力的超级用户的价值，企业在私域加强投入是大势所趋。而基于内容兴趣、信任关系沉淀下来的私域流量，用户触达更精准、更便捷，且转化率更高。这就要求企业梳理客户与企业、品牌的触点，洞察客户的需求，使企业品牌、产品及服务等信息直达客户，提升客户体验。

（一）自建平台

App 是在移动互联网时代企业的门户网站，是企业品牌形象的展示窗口。企业 App 的核心价值就是做用户链接，重点在于打造自己的私域流量池和应对未来的全渠道交易体系的变化。企业通过自建 App 能够全方位地展现企业文化、形象以及产品信息，更好地拓展市场，并且提升自己在市场当中的发展空间。

企业通过自建 App 能够提升三大核心能力：一是全渠道地抓取用户、经营用户的能力；二是全渠道地抓取订单的能力；三是商品快速交付能力。例如英语流利说、编程猫等，这些企业都通过自建 App 提供更深度的服务，包括体验课预约、师生互动、作业点评、考试测评等，具有成本低廉、覆盖面广、网络营销效率更高的优势。

（二）外部平台

外部平台主要包括今日头条、微信公众号、抖音、快手、知乎、钉钉、豆瓣、简书等等，它的特点是由企业自主控制且能够反复利用。做外部平台重点在于建立客户链接，企业通过构建外部平台矩阵，即整合目标客户集中关注且具备链接价值的外部内容平台，用内容来筛选、链接有效用户，从而构建起自己的私域流量池。

1. 今日头条

今日头条是一款突出个性化阅读推荐的 App，通过“冷启动—小规模推荐—再推荐”的原理，App 会先将特定内容推荐给部分用户，实现一定的冷启动后，再根据用户的阅读情况进行相似内容的再次推荐，通过对海量用户的行为进行数据分析与挖掘，为用户打上各类标签，以实现最精准的内容推荐和更高的流量曝光。同时今日头条还允许用户使用微信、QQ、抖音、天翼等社交账号进行登录，这种模式不仅非常人性化，还有助于今日头条获取用户社交网络的个性化信息，从而进行精准的内容推荐。作为自媒体中流量排名数一数二的平台，今日头条不仅能够为创业企业提供个性化的用户推荐，从而找到对创业公司内容感兴趣的群体，还能帮助创业企业更加了解受众。创业企业可以采用“高频发文 + 紧跟热点 + 巧用微头条 + 视频”的运营模式吸引用户关注并有效链接用户。

2. 微信公众号

微信公众号根植于微信生态，可以清晰地向用户展示自己的产品及服务。作为粉丝忠诚度较高的封闭式自媒体平台，微信公众号的优势是“私域流量 + 精准”，相比其他开放式的自媒体平台，变现效果更好。因为其他开放式的自媒体平台大多是基于搜索和推荐的方式将企业信息触达用户，而用户只有关注微信公众号才能接收到企业群发的信息，相当于筛选后的忠实用户，对企业更有认同感、更加信任，因此也更容易做推广和变现。创业公司可通过“资料包海报 + 投稿涨‘粉’ + 课程分享 + 多平台分发引流 + 公众号互推 + 裂变”的运营模式引流，对微信公众号来说，内容是最重要的，涨“粉”最快的方式还是要借助爆款文章，可以跟竞品学习常规思路，通过“人格化属性定位 + 刚需选题做原创 + 高打开率标题”的思路进行内容创作。

3. 抖音 / 快手

据 QuestMobile 数据显示，截至 2019 年 6 月，短视频行业新安装用户接近 1 亿，总体 MAU（月活跃用户人数）8.21 亿，同比增速 32%。[3] 有人甚至将短视频行业称为移动互联网时代最后一座仍在增长的金矿，创业公司要实现高效营销，一定要抓住这样一座巨大的流量池。在短视频行业，抖音和快手这两大主流短视频平台粉丝体量大，是创业公司营销引流的重点。抖音和快手的推荐原理是点击率、完播率和互动率要高，创业公司可以针对目标客户群体的特征进行内容创作，实现粉丝变现。建议创业公司可以通过“对标竞品 + 仔细拆解 + 形成自己的风格 + 迭代优化”的方法，即拆解热门账号或竞品的作品，分析其定位和脚本，具体可以从视频的时间长度、封面、左下角的标题、配乐等方面进行分析，然后学习模仿，创作具有公司个性化风格的内容。

4. 知乎

作为优质的头部流量，知乎凭借高价值的内容获得了市场越来越多的认可，截至 2019 年 1 月，知乎用户数突破 2.2 亿，积累了超过 1.3 亿个回答，这背后是用户对内容可信度的迭代。知乎的用户更加看中内容本身，以点赞、收藏数量为推荐方式，除了知乎内部流量，知乎的内容还会被推荐到百度搜索、微信搜一搜这两个头部平台。并且由于知乎的流量都是基于知乎问答而存在的，因此从特定问答中获取到的用户会是比较精准的，创业公司要想在知乎引流，必须要有优质内容生产机制，可通过“找准问题 + 干货回答 + 适当引流”的方式创作内容，即创业公司首先要有清晰的定位，然后到特定类目下回答相关问题的方式吸引目标用户，通过尽可能多的曝光加深用户对企业的品牌认知。

那么什么样的问题值得回答呢？第一，基于热点事情产生的问题。此类问题会在短时间内聚集大量流量，且容易被推荐到百度搜索和微信搜一搜，甚至可能会上知乎热搜，这就要求创业者时刻关注领域动态，抓住热点，抢得先机。当然，如果能够预测到某个事件会成为热点，创业者也可以采用自问自答的方式。第二，带有总结性质的问题。如：“如何健康有效地减肥？”“如何熬过房贷？”此类问题可能不会像热点事件问题一样被快速引爆，但是它能够获取长尾流量，一个高质量的回答可以获得持久的搜索关注。第三，观点泾渭分明的问题。如：“国企与私企，工资 9 500 与 15 000，选哪个好？”这类明显有对冲的问题容易引发激烈的讨论，此类问题没有明显的对错，只要立场坚定、逻辑缜密，就很容易吸引一批相同观点的人，成为他们的意见领袖。当然“最适合自己的问题”才是“最佳问题”。

知乎更适合创业企业做品牌建设，然后通过导流到微信公众号进行转化。导流的

方式包括在知乎主页标明微信公众号名称、在回答的结尾放上相似内容链接到微信公众号等。

5. 钉钉

钉钉不仅是企业OA平台，也是服务客户的重要载体。除了企业内部日常办公场景，钉钉还覆盖了品牌推广、企业客服、精准营销等各种对外商业场景。为解决企业获客难的痛点，钉钉推出了两大功能模块：一是钉钉圈子，其定位为数字化社群运营平台，分为内部圈、在线教学圈、社群运营圈、商业交流圈四种模式，企业可免费使用钉钉圈子进行私域社群管理，实现企业文化建设、客户链接的目的；二是探迹拓客，创业企业可借助探迹拓客平台发现更多更精准的销售线索，同时探迹拓客通过对已有客户进行剖析，锁定关键特性，根据客户画像进行智能推荐，快速触达更多的商机，发现优质潜在客户。

6. 企业微信

企业微信与微信生态互通，对内能够使信息高效流转，对外能够链接11亿微信用户，将所有用户都变成"在线"状态，是创业企业积累私域流量，实现变现的最好"收口"。企业微信有三大利器：一是客户朋友圈功能，将企业服务的触角进一步向外延伸，使企业更近距离地接触客户，为客户提供更有温度和更加专业的服务。企业将产品信息发布到客户朋友圈，不仅能够帮助客户更加了解企业产品，实现更加高效的"二次触达"，还能在与客户的评论互动中建立情感链接，成为客户"专业的朋友"。二是搭建外部群聊功能，为企业搭建伴随式客户服务的社群模式，做到与客户更近，使企业的服务场景更加多元化。三是智慧会员服务功能，不仅能够帮助创业企业更加高效地触达客户，沉淀客户关系，同时还支持接入企业CRM系统，帮助企业更加了解客户画像，为客户提供恰到好处的服务。

除了以上主流内容平台，还有豆瓣、简书、在行、荔枝、千聊、小鹅通等平台可供创业公司进行市场营销获客。

三、精准触达客户

"精准触达"是企业用户运营的本心，不仅能够降低成本，也利于打造出专属自己的流量池。数字化营销时代，企业品牌、产品及服务信息的精准触达是企业通过对已有客户和潜在客户的分析，在确定其消费偏好的基础上进行的靶向营销。

企业可通过内容孵化的方式来吸引精准用户群体。如：借助头条号、百家号、网易号、微博、知乎等现象级平台，持续输出企业产品或服务相关的内容，内容一定要足够真实，让客户能够感受到你的温度，以更好地吸引精准客户群体，并将其承接到企业App、社群或公众号等私域流量中来。并通过定期策划活动，扩大品牌效应，树立IP形象，实现客户引流及裂变。

具体来说，“精准触达”的营销方式主要分为以下四种模式：

（一）利用自有平台和数据，对已知客户进行营销

这是传统客户关系管理营销的概念，传统的客户关系管理包含销售、营销、服务三个部分，营销部分即企业与已知客户进行互动，例如忠诚度计划、客户事件关怀及促销（生日、节日）等，或者对已知客户数据进行数据挖掘，进行针对性的精准营销。数字化营销时代，随着客户数据海量涌入，传统的客户关系管理系统遇到技术瓶颈，企业需要从更多维度去洞察并解读客户。

（二）利用外部平台和数据，对已知客户进行营销

企业已有客户数据难以形成完整、准确的客户画像，这时就要借助互联网平台的大数据来丰富用户画像。比如企业原先只管理“有购买行为的”客户数据，然而无法管理“产生购买行为前”的客户数据。困难主要在数据抓取方面，原先企业不知道客户在哪。现在有了很多第三方互联网数据平台，如果企业的 CRM 系统可以与这些平台实现数据打通，就有可能抓取到客户“产生购买行为”之前的数据，双方数据进行安全关联之后，就可以挖掘出更多维度的客户数据，并进行针对性营销。例如设计更精准的产品推荐算法，以此来丰富自有数据的客户信息。

（三）利用自有平台和数据，对未知客户进行营销

我国社会化媒体经过多年的发展，类别呈现多样性。包括论坛社区、微博、微信、抖音等多种类型。如今社交媒体已不再是朋友们共享的场所，而成了一种全新的商业竞争模式。借助这些社交媒体，企业可以倾听客户的声音，宣传自己的产品与服务，依据客户的反馈来进行产品与服务的优化与改进，在潜移默化中去影响客户。相比于搜索引擎、电子邮件等传统网络营销，社交媒体营销凭借以信任为基础的传播机制和客户的高参与度，更能影响客户的消费决策，进而为企业品牌提供了大量被传播和被放大的机会。社交媒体客户黏性和稳定性高，定位明确，可以为企业挖掘更加细分的目标客户群。

社交营销的本质是“裂变”，利用社交媒体平台进行“老带新”，是非常典型的潜在客户触达手段。例如通过老用户拉新奖励、新用户注册奖励、分享红包、拼团、砍价等玩法，实现“存量找增量，高频带高频”。典型的代表有拼多多，通过充分利用社交关系链成功实现了客户快速裂变。

社交营销模式具有三大优势：第一，能够根据客户活跃度的关键点不断更新，快速试错，提升分享率；第二，利用技术手段，降低创意及广告投放成本；第三，通过分享红包、拉新奖励等营销方式，相当于把广告费给了客户，有利于刺激客户更广泛地向身边的朋友进行安利推广，且受众均是与目标客户相似的群体，更加有助于精准触达潜在客户。

（四）利用外部平台和数据，对未知客户进行营销

数字化营销的持续发展使大量客户数据在各类平台上不断积累，由此构建了精准营销的基础。广告是触达未知客户的主要方法，然而数字化广告的成本越来越高，企业需要考虑如何利用更多低成本的营销触达渠道，或者提高数字化广告的精准度，例如企业可以从已知顾客中提取出高价值人群，利用机器学习和人工智能，在未知顾客的大数据中计算出一组相似人群，这称为人群拓展算法，进行针对性的广告推送，从而提升广告转化率和投资回报率。

挥笔计算，1个推荐多个的力量

现在你已经有了第1个客户，假设你的目标是获取10万个用户。

（1）如果你能够使每个客户都为你推荐2个新客户，那么第2轮推荐时，这2个新客户就能为你推荐4个新用户，那么通过多少轮推荐，你可以实现目标？

（2）如果你能够使每个客户都为你推荐3个新客户，那么通过多少轮推荐，你可以实现目标？

（3）如果你能够使每个客户都为你推荐4个新客户，那么通过多少轮推荐，你可以实现目标？

（4）推荐6个、7个新客户呢？

（5）通过计算和思考，你有什么感受和体会？[4]

四、客户关系维护

随着客户的数字化，企业面临获客成本高、客户转化链路复杂等营销痛点，客户留存越来越难，如何进行存量客户价值深挖以及盘活“休眠”客户、保持留存客户的高活跃度也成为企业面临的一大挑战，企业需要通过精细的数据分析对已有的存量客户进行深度挖掘，给客户最及时和最优质的服务，以留住核心、优质的客户，提高客户忠诚度，帮助企业与客户建立长久、稳固的关系。

（一）客户留存

客户被拉进了私域流量池，并不意味着工作就结束了，私域流量的核心是用户关系运营，最终促成产品成交。企业可以借助智能营销系统，实时跟踪客户行为轨迹，例如客户的点击、浏览、转发、咨询等行为，并实时推送给营销部门，以便营销部门做出判断、及时跟进，提高转化效率，同时企业还可根据客群属性，定期给App、微

信、小程序、短信等不同渠道客户发放优惠券、红包，发起拼团优惠等，促进二次营销，盘活客户资源。

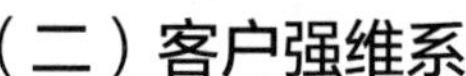

（二）客户强维系

与客户建立紧密关系绝不仅仅是一个短期或者销售的手段而已，企业要及时梳理并发展种子客户，做好种子客户的强维系，并不断加强客户群特色服务，例如，设置针对性的消费奖励和优惠政策、邀请参加独家活动等，为客户带去惊喜和优质的服务，让客户成为裂变活动中的重要环节。从某个角度来说，维护老客户是获利的捷径。一旦成功与客户建立起了强联系，对于客户价值而言，更容易完成产品和服务的闭环，对于商业价值而言，也更容易完成产品或服务销售 / 续费的转化。

（三）优化营销效果

反馈数据是效果评估的依据，也是营销过程中各环节的优化依据。企业应及时进行数字化营销客户触达效果的复盘总结，以准确得知客户整体推进状况及存在的问题，若营销效果不好，应积极从客户画像的关键数据抓取、营销活动的方案设计等方面查找问题，通过调整数据分析方法、优化营销方案、修正营销策略等方式，不断完善客群分层，调整“靶向目标”，使下次营销达到更好的效果。

数字化营销时代，企业在营销时面临着更多困惑和挑战，而数据是企业决策的重要参考。随着数字化技术的发展，用户触媒习惯、广告投放反馈等过程都可以进行数据的收集、监测与分析。利用大量的数据，企业可以更清楚地了解客户的行为和关注点，并通过内容引流，实现产品转化及裂变增长。私域流量作为企业最重要的资产和社交货币，将流量孤岛进行了有效链接，并通过流量数据整合、精细化运营、全链路效果追踪的流量运营服务，使企业能够更好地提高运营效率，降低运营成本，在存量时代破局，引爆用户增长。

五、创业品牌管理

近年来随着互联网经济的蓬勃发展，在社会整体消费升级需求的催动下，创业企业的品牌化管理已经成为创业者走向成功的核心能力和主要赛场。虽然初创企业做品牌非常难，但依然可以在大量的案例中看到成功创客实现了品牌化的高速增长，建立并巩固了自己的品牌“护城河”。

（一）创业公司为什么难以形成品牌

创业公司没有现成的品牌资源和用户基础可以倚靠，这是创业品牌管理最根本的劣势所在。品牌成熟的企业可以现有品牌为基础，为创新产品形成品牌关联和借势营销。比如百事可乐要推出无糖可乐这样一个新的品类，就可以非常容易地依靠传统的

市场推广方案和销售渠道，传统客户群体也会因为百事可乐的关系对新产品产生天然信任，还会因为差异定位形成消费冲动。

所以，创业公司在品牌竞争中确实没有先天优势，一上来就要面对如何在传统品类中打破用户思维定式，改变用户消费习惯的巨大挑战。同时，创业公司一般资源整合能力也比较差，与掌握了充裕资本和渠道优势、也具有传统媒体资源的传统企业及其强势品牌相比，没有传统上的传播优势，只能寻求另类突破。

实质上，对于创业公司来说，建立品牌和产品售卖、服务推出一般是同步进行的，商业逻辑与传统企业相比是很不一样的。传统企业有专门的公关团队制订详细的市场推广计划，比如先打广告战、做公关活动，按照计划的市场逻辑逐步推动产品品牌化。而创业公司局限于团队规模和精力分配，很难有充分、周密的品牌管理战略。创业成功者能够真正做到因品牌而起、靠品牌而生的案例还是比较少的，我们往往是在成功者中提炼成功的经验，能够用科学理论来支撑的成功经验比较少。甚至有的产品或品牌的走红，往往给人的感觉是无心插柳之作，比如西少爷团队当年引爆朋友圈的那篇网文《我为什么要辞职去卖肉夹馍》。

（二）对症下药解决创业品牌症结

如何解决创业公司品牌化的难题？还是要从问题根源上找准症结，用科学的市场营销理论指导实践，而不是跳出产品讲品牌、讲 IP，将 IP 化、品牌化等过于神化、泛化。首先，创业公司打造产品和服务模型的时候，就需要按照品牌管理的要求，思考如何改变用户的认知心理，抢占用户心智。创业品牌没有传统品牌可以倚靠，但也可以通过反向定位和比较优势形成反向的品牌关联。仍然用可乐方面典型的例子。可口可乐占据汽水类饮料市场垄断地位太久了，对市场和消费者习惯的敏感度开始变得滞后。竞争对手百事可乐其实也是一家老店，但是在 20 世纪 20 年代就在与可口可乐的竞争中败北破产了。到 50 年代被收购之后，重新包装后的百事可乐横空出世，专门针对可口可乐品牌塑造自身的差异性。它们通过明星代言的模式，强调喝百事可乐是年轻人的选择（到 80 年代直接用了“新一代的选择”这样具有标志性的广告语），配合在音乐、体育等方面一系列的营销事件，并推出无糖的轻怡可乐，形成与可口可乐的巨大的反向关联，成功塑造了用户的认知，从而形成新的消费习惯。

接着，通过差异化的品牌定位，打破传统品类和传统产品在市场中的垄断地位。可乐之争的典型性就体现在其实可口可乐和百事可乐两种可乐的口味大同小异，差异化主要体现在品牌定位和产品形象塑造方面。但百事可乐就可以做到让年轻人觉得更好喝、更喜欢喝，销量一路激增，严重威胁到了可口可乐的垄断地位。但在 20 世纪 80 年代中叶，可口可乐的管理层就真的掉进了“口味”这样一个“陷阱”里。他们受到百事可乐的反向定位影响，觉得百事可乐之所以获得年青一代顾客的青睐，就是由于它们的可乐口味偏甜，会受到年轻人的欢迎。于是他们就想从口味方面强调自身的特殊性，设计了新的配方，然后还组织了 20 万人的盲测，终于获得了“更好喝”的新口味可乐。然后大张旗鼓地推出新口味的可口可乐，并宣布放弃老配方，不再生产老口味的可乐了。结果推出之后遭到了老客户的一致反对乃至抗议，不得不灰溜溜地宣布撤销新可乐，重新推出经典可乐。

最后，品牌的价值在于能够形成用户的心理溢价，获得比原产品更多的收益。比如烤鸭，即使不太符合近年来人们追求健康清淡的饮食习惯，但是一般大家到北京旅游还是会选择吃一次烤鸭，而且大多数人还特意要选择在前门的全聚德老店吃，这就是老字号的品牌效应，也是传统消费习惯的典型展现。而像大董烤鸭店这样的新创品牌，则把产品创新作为自己的品牌内涵从而形成差异化。在推广上着力塑造老板董振祥的高学历、专家型厨师定位，强调在传统烤鸭烹饪工艺上的变革，强调更好的口感、更少的油脂、更加健康，让自己的菜品、餐厅的装修环境等定位也更高端，定价也更高。总的来说都是烤鸭，无论是在全聚德还是在大董，都让顾客在购买之前就已经形成了更高的价值预期，从而采取比产品本身更多的付费行为，因而产生了比别的产品更多的品牌溢价。这个时候，品牌化就成为初创企业为自身构筑的一条“护城河”，在竞争战略中有效降低了潜在竞争者的进入能力。

（三）创业公司品牌化发展的四大路径

1. 品类创新化路径

品类升级的基础是消费升级。江小白、喜茶等品牌其实是在原有的白酒、港式奶茶这样的传统品类中创造出了一个新的品类，满足了年轻的消费群体的新消费需求。但其实产品本质上没有发生根本性的变化，江小白卖的还是白酒，喜茶卖的也是奶茶，只不过比别的白酒瓶子上多了些文案，比别的奶茶多一些口味。就是这样包装上的改变、配方的微调乃至流程的标准化，更加强调产品的设计感、店铺装修格调，强化产品的社交属性，进而创造出了给年轻人喝的白酒、不用茶粉的现泡的奶茶这样新的品类，而且每隔一段时间就要推出一个爆款新品。创造出一个新的品类，与传统品类形成反向关联，并长期成为垄断新品类的第一名，是这些新创产品品牌化的秘诀所在。

2. 服务体验品牌化路径

这方面相信海底捞就是最典型的代表，而它所反向关联的就是以往所有的餐饮产品及其服务。把服务做成了品牌并非易事，不然就不会有《海底捞你学不会》这样热卖的畅销书了。服务体验有的时候很主观，很多具体的招数如果脱离开海底捞整体的消费场景和组织文化就不见得是多么让人惊诧的服务。而我们也许已经不太可能在餐饮行业复制海底捞的经验，但不代表新创品牌不能去做跟团旅游里的“海底捞”或家政服务里的“海底捞”，相信这些行业里的用户们仍然极度渴望完美的服务体验，这样甚至能够让你的产品借助“海底捞”的用户体验形成正向的品牌关联。

3. 消费群体极化路径

群体极化是一个社会学概念，在网络时代，可以特指因个人爱好、关注热点相同而聚集到一起的群体，群体观点或行为会更加保守或极端。笔者把“极化”概念借用在对产品特别是品牌的爱好上。因这种爱好聚集在一起的用户群体会因为产生某种极化的效果，在性价比、产品质量上形成高度的价值心理认同，形成牢固的用户忠诚，产生持续的购买行为。同时创业公司可以基于极化社群形成的固定流量，通过有效降低产品成本、改进迭代产品、发展衍生周边，持续收获粉丝经济红利。最典型的就是小米 MIUI—小米手机—小米生态圈发展背后的社群支持。还有像网易严选，则是笼络

了一批对日系简约设计风格极度热爱的青年群体，以无印良品的一些经典产品为基础打造了一些爆款产品，树立了品牌消费群体的形象，同时打出某某大牌制造商制造（意指大牌也是贴牌制造）的性价比标签。还有像一些知名度不高的机械键盘、游戏耳机、游戏笔记本甚至无人机品牌，出了网游圈、极客圈可能都没人知道，但是就始终有一批“死忠粉”，都可以归因于此。

4. 产品渠道内容化路径

这是借助互联网渠道实现的。其实这一类也是产品服务体验方面的品牌化，但是由于这方面新零售的例子特别多，完全可以归结成新的打法或路径。如盒马生鲜、西少爷、故宫淘宝，让渠道本身成了产品内容的一部分，同时又有线上线下的结合来实现产品服务方面的升级。

案例研究作业

90 后小伙内容创业年入百万[5]

初见韩佳龙，印象是朴实不浮躁，这位 1993 年生、毕业于山东滨州学院的大学生，已是学校赫赫有名的人物。短短三年时间，他从一名普通的大学生成长为公司 CEO，公司规模从 8 人的兼职小团队扩大到 80 余人的专职团队，拥有了 4 家分公司。他运用新媒体矩阵内容生产，年纯利润突破 300 万元。

（一）有心人机会多　边学边干大收获

韩佳龙出生在辽宁葫芦岛的一个农村。2011 年 9 月，韩佳龙从辽宁省绥中县考入山东滨州学院自动化系。大方外向、办事爽快、有韧劲的性格特点，让韩佳龙很快融入了大学的班集体，由于表现良好被评选为班干部。因为比较擅长文艺，多才多艺的韩佳龙顺利进入学生会的文艺部，随后便担任大学生艺术团团长、曲艺协会会长。

在校期间，韩佳龙除了学习外，想得最多的是如何利用课余时间去打工挣钱，一方面可以减轻家庭负担，另一方面可以提前体验社会的酸甜苦辣。韩佳龙凭借敏锐的市场嗅觉发现学生中想找兼职的人很多，社会上想招兼职的人也很多，但是苦于没有渠道对接资源。韩佳龙就利用课余时间发名片，在网络上联系商家及学生，做起了兼职中介。后来也做过“手机卡的校园代理”“计算机二级招生代理”“驾校招生代理”等各种各样的校园市场合作项目，韩佳龙便成了名副其实的校园市场的经销人，为此后创办自己的公司奠定了基础。

（二）苦心人天不负　干事创业贵人助

韩佳龙 2015 年毕业后选择了滨州一家知名企业做储备店长，锻炼各方面的能力，不甘平凡的他很快意识到这也不是自己想要的。2015 年 11 月，他放弃了即将上任的店长职务，选择了自主创业。此时“贵人”出现了，“我的一位同学姓王，是个南方人，头脑非常灵活，一次偶然的机会，他告诉我可以去尝试做新媒体内容创业、做微信公众平台……”韩佳龙说。

或许说者无心，但听者有意。说干就干，韩佳龙与女友赵文慧一起，成立了滨州市汇隆文化传媒有限公司，从微信公众平台的内容生产开始创业。缺少项目的启动资金与经营的实战经验，甚至连一间像样的办公室都没有，咋办？

“这位王姓同学又引荐我认识了滨州学院一位新媒体名人，又是‘贵人’引路，内容创业的大门就这么打开了。”韩佳龙告诉记者，正值学校创业孵化基地启用不久，为了协调办公地点，韩佳龙找到了负责创业孵化项目的分管老师，老师们非常支持学生创业，并帮忙协调办公室与设备等等，给了他很大的支持，就这样，专职加上兼职的8人小团队诞生了。

此时国家正好全面放开二胎，他敏锐地抓住了这一商机，开设了针对宝妈母婴群体的微信公众号，定期推送育儿常识、生活技巧和健康养生知识，广受用户欢迎，3个月后粉丝量达到了50万，后来做成矩阵粉丝近80万……学校创业基地，给予办公场所及各项优待政策扶持，公司得以蓬勃发展，一年下来，韩佳龙带领的这个小团队创收近百万元。

“将近一年的时间，我赚得了第一桶金……”韩佳龙坦言，虽然最高月入8万元，但是由于选择的母婴领域营收整体下滑厉害，微信公众号的流量越来越低，盈利大幅缩水，创业团队如履薄冰，未来怎么办？有些焦虑。

此时，另一个“贵人”出现了。“武汉的同学在做百家号，准备在北京与百度签约，建议我可以了解一下……”韩佳龙告诉记者，正是这样一则消息，让他动心赶赴北京一探究竟；这一趟没有白去，大开眼界。转型说起来容易做起来难，面临的首要难题是技术跟不上。为此，他花了3个月时间学习互联网行业知识，去全国各地学习交流，参加行业交流会。

找到门道后，他跟百度新闻签署了合作协议，决定大干一场。想法是美好的，现实是残酷的，手头的积蓄不足以满足转型所需的条件，这时，滨州学院大学生创业孵化基地向他伸出了援助之手，使他得以顺利注册成立了自己的公司——山东汇隆企业管理有限公司。

2016年11月，韩佳龙与百度新闻旗下百家号事业部达成战略合作，团队由原来的8人迅速扩大到25人。尽管韩佳龙一直在说有“贵人”相助，但机遇始终留给有准备的人，创业更是如此。

（三）用心人会农心　切入“三农”得丰收

新媒体内容创业，做全国方向还是做地方方向，选择什么领域，都是考验，在克服了创作内容迭代、人员管理、风险把控、领域营收下滑、更换阵地等等创业艰难之后，公司算是渐入正轨。但要从全国众多创业者中脱颖而出，并不是件易事。韩佳龙认为必须找准自己的特色。除了原来的母婴领域之外，他们选择了“三农”领域。韩佳龙坦言，出身于辽宁农村的他对农村和农民天然有着深厚的感情，总想把农村最朴实的一面展示给全国观众，进而服务“三农”，为“三农”尽一份力。于是，他把镜头对准了田间地头，为了拍出有新意的作品，他亲自带领团队深入农村，把脚踩进泥里，拍

摄了大量有关种植业、养殖业、农村政策等方面的小视频。账号“农人小嫚”在腾讯视频榜单全网“三农”类排第三名。“农人小嫚”很快收获了大批粉丝，并被百度公司评为优秀原创作者。

新媒体作为一种新的传播载体，赋予了新时期下的年轻人更多的创业机会，韩佳龙在自己的不断努力和探索下，带领团队成员不断创新，在模式上和发展上不断探索新的路子。分享精神赋予了他成功的动力，他带动、引导师弟师妹的4个创业团队一起发展进步，现已成功孵化出滨州韩赵网络科技有限公司、滨州点汇文化传媒有限公司、滨州汇鼎网络科技有限公司、滨州市天眷电子商务有限公司等4个公司。如今，韩佳龙的公司员工规模80人，拥有自媒体平台账号2 000多个，在山东省名列前茅。

“除了获取收益，能够给父母和自己创造更好的物质条件之外，我还收获了一个极具凝聚力的团队、很多的朋友和良好的社会关系，所有这些都将有助于我今后事业的发展。”韩佳龙对未来充满信心。

“创业是一次向着成功进发的旅程，比起短跑冲刺，这个旅程更像是一场马拉松，途中会遇到疲劳、疼痛、饥饿等一系列问题，重要的是保持足够的耐心，不断奔跑。未来公司还将继续扩大规模，拥有一个百人团队甚至更多，在维持好公司现有项目的同时，进一步扩大运营项目，决不能让困难打倒自己，要永不抛弃和放弃梦想。”韩佳龙如是说。

研究问题

1. 韩佳龙开发“农人小嫚”的经验，对创业者“涨‘粉’”“带货”有什么启发?
2. 什么是新媒体矩阵? 请自己在新媒体上搜集相关信息，就如何使用好新媒体矩阵推广产品、加速创业给出一些实用的建议。

注释

[1] 中国互联网络信息中心. 第44次中国互联网络发展状况统计报告. http://www.cac.gov.cn/2019-08/30/c_1124938750.htm.

[2] 何杨. 运营实战：5个步骤分析目标人群画像流程图. http://www.woshipm.com/operate/323084.html.

[3] QuestMobile短视频2019半年报告. http://www.questmobile.com.cn/research/report-new/58.

[4] 董青春，曾晓敏. 创业行动手册. 北京：清华大学出版社，2018：175.

[5] 90后小伙内容创业年入300万，这个滨州学院大学生是如何做到的?. https://baijiahao.baidu.com/s?id=1608404237825215684&wfr=spider&for=pc.

如何高度呈现创业想法和成果？

——创业计划书写作要点

指尖上的陶艺[1]

2015 年 10 月，首届中国“互联网 +”大学生创新创业大赛总决赛在吉林长春举行，景德镇陶瓷学院选派的参赛项目《指尖上的陶艺》（创业导师：章义来，技术导师：李超，团队成员：唐丽萍、高维、马力、黄万云、邹涛）从全国 300 个决赛项目中脱颖而出，和其他高校共 30 个项目一起获得金奖，并荣获全国唯一的最佳创意奖。

首届中国“互联网 +”大学生创新创业大赛吸引了 31 个省（市、自治区）1 878 所高校的 57 253 支团队报名参加，提交的项目作品多达 36 508 个，参与学生超过 20 万人，带动上百万大学生投入创新创业活动。这次大赛普遍将移动互联网、大数据、物联网、云计算等新一代信息技术与行业产业紧密结合，覆盖了“互联网 +”传统产业、新业态、公共服务、技术支撑平台等领域，充分展现了当代大学生创新创业的生机和活力。

景德镇陶瓷学院设立工作组和专家组，制订大赛实施方案，积极动员学生参赛，对参赛项目的选题、创业项目简介和计划书的撰写、现场路演等环节进行全程跟踪指导。8 月 28 日，举行了校内选拔赛，共评选出 20 个参赛项目进入省级复赛。9 月 6—14 日，经过省级两轮复赛和决赛的激烈角逐，该校有 7 个参赛项目脱颖而出，获得省级奖励，在所有参赛的省内高校中，获奖数量第一。

这一届“互联网 +”总决赛共有金奖 30 个、银奖 70 个、铜奖 200 个。专家对报送材料评审后，共有 70 个实践类项目和 30 个创意类项目进入金银奖决赛，景德镇陶瓷学院的《指尖上的陶艺》是入围的 30 个创意类项目之一。在 10 月 19 日举行的比赛中，入围金银奖决赛的 100 个项目分为实践组和创意组共 6 组激烈角逐，参赛团队通过创新创业成果介绍及展示、专家问答等环节进行评比，最终景德镇陶瓷学院以 90.9 分的成绩，在所在组别的 15 所高校中居第 4 名，荣获金奖，同组还有北京大学、中国科技大学、国防科技大学等高校。

《指尖上的陶艺》是为解决陶瓷企业传统生产销售模式致使产品同质化严重的问题，由该校师生研发的国内首款集个性化定制、众创空间功能于一体的陶瓷垂直电商 App，打造的是互联网 + 陶瓷新业态，以用户为中心，整合行业资源，变革生产方式，重新定义渠道，软件共包含手机陶瓷、私人定制、陶艺空间三大模块。

项目创业导师章义来介绍，江西省陶瓷企业信息化工程技术研究中心一直在探索如何通过信息化技术来改造传统陶瓷行业。团队成员通过市场调查，发现目前市场上的陶瓷产品存在同质化严重、附加值低等问题。与此同时，创意集市却越来越受人青睐，经过调研发现，有不少消费者愿意选择个性化、高附加值的陶瓷产品。于是，大家把精力集中在“个性化定制”上。“这次大赛给予了我们契机，利用互联网思维让大众更容易接受略显繁复的陶瓷行业，将陶瓷定制做得更简单、价格更亲民，最终让每个人的餐桌上摆的茶杯、吃饭的餐具都实现个性化定制、让人眼前一亮。”

在本项目中担任技术研发主管的统计学研究生马力表示，3 个月的比赛短暂而又漫长，难忘暑假大家埋头撰写计划书的艰辛、赛前彻夜修改材料的紧张，参赛过程虽然辛苦，但却觉得很充实。在本项目中担任市场主管的统计学研究生高维说：“除了要解决软件开发等技术性问题，我们要克服的最大困难是向对陶瓷行业了解不是很多的专家讲清楚我们要做的事情。从校赛、省赛再到国赛，从前期的创业计划书的编写、到比赛演讲和评委提问的准备，我们都花了大量的时间和精力。其间还多次对整个创业项目进行细节上的调整。通过与专家的接触，了解到了市场需要什么，我们应该着重完成什么。”

一、创业计划书的概念和意义

创业计划书是一项综合性的商业项目计划，创始团队编写和提交的目的是方便投资人或创业比赛组委会（评委）对企业或项目做出判断，作为辅助材料助力企业获得融资 / 获得奖项。必须指出的是，创业计划书有相对固定的套路和结构，从公司产品 / 服务的基本介绍、市场竞争情况、创始团队构成及股权结构、财务数据和财务预测、市场销售和运营数据到融资解决方案，几乎涵盖了创业公司的所有商业模式和商业价值，也是本书前文带领大家开展创业训练后所形成的实践成果的高度凝练和最终呈现。只有详尽、丰富的数据，完整、系统的业务计划才能吸引投资者，并使他们了解项目的商业模式和运营计划，从而让融资需求成为现实。

创业计划书的写作和修改经常会花去创业者一到两个月的时间，对于时间精力非常宝贵的创业者来说尤其显得得不偿失。因为在密集的投资对接、创投见面会上，投资人确实也很难有时间认真阅读计划书，经常可以看到堆成山的计划书会后就直接被当作废品处理掉了。如果对资本需求不是特别大、不急于获得投资的项目，是不是就可以不需要特别详细的创业项目计划书呢？对此，很多教育专家和创投人士都认为，创业计划书充分体现了创业者对创业项目的思考和认识深度。对项目可行性的基础调研、对商业模式的初步验证、对财务管理的计算论证，都要在项目计划书中得到高度的凝练。如果在写作过程中已经发现无法实现产品、运营、人力和资本等几大要素的匹配，创业者还有机会及时地调整。当然，计划书关键在“计划”，是未来很长一段时间内项目发展方向和阶段规划的蓝图，也必须得到高度重视和科学规划。同时，创业计划书也是塑造创业愿景、形成团队共识的重要手段，创始人可以通过介绍计划书来为每一位创业参与者描绘创业设计和成功前景。[2]

划重点：让创业计划书发挥诊断工具的作用[3]

1. 项目自省：厘清创业路径

在参赛、创业融资之前，创业计划书首先应该是给参赛团队和创业者自己看的，创业计划书可以使自己做到心中有数。首先，参赛团队和创业者要以认真的态度，尽可能详尽地分析自己所有的资源、已知的市场情况以及初步的竞争策略，并提出一个初步的行动计划。其次，创业计划书还是创业资金准备和风险分析的必要手段。对初创的风险企业来说，创业计划书的作用尤其重要，一个酝酿中的项目往往比较模糊，通过制订创业计划书，把正反理由都列举书写出来，最后再逐条推敲，参赛团队、创业者就能对这一项目有更加深刻的认识，更加清晰地认知项目的可行性。

2. 集聚资源：创新项目管理

正如前文所述，创业计划书是塑造创业愿景、形成团队共识的重要手段。制定一份科学的创业计划书可以增强参赛团队和创业者的自信，对经营思路更有把握。因为创业计划书提供了项目或企业全部的现状和未来发展的方向，也为项目或企业提供了良好的效益评价体系和管理监控指标。创业计划书使得创业者在创业实践中有章可循，通过描绘新创企业的发展前景和成长潜力，使管理层和员工对企业及个人的未来充满信心，并明确要从事什么项目和活动，从而使大家了解将要充当什么角色、完成什么工作，以及自己能否胜任这些工作。

3. 获得融资：提升竞争能力

创业计划书作为一份全方位的项目计划，是对即将开展的创业项目进行可行性分析的过程，也是在向风险投资家、银行、客户和供应商宣传拟建的企业及其经营方式，包括企业的产品、营销、市场及人员、制度、管理等各个方面，在一定程度上也是拟建企业对外进行宣传和包装的文件。设计、撰写一份高质量的创业计划书还可能有机会取得政府的支持与扶持，也会增强风险投资家、合作伙伴、员工、供应商、分销商对创业者的信心。

二、创业计划书的内容框架和基本结构

（一）格式

尽管创业企业的创新性和竞争能力各不相同甚至千差万别，创业计划也不可能有

完全一样的模式，但是创业计划书的编写有相对标准化的格式。这些格式经过长期商业竞争和商业需求的检验，涵盖了从外部投资人角度对一家企业所要了解的最主要维度，以及提出频率最高的问题。比如通常任何创业计划都必须着力宣示和论证公司发展目标的合理性，行业和市场定位的独特性，它可以提供的产品和服务，与同业竞争的优势资源，如何创造性地解决用户的痛点，公司的竞争壁垒以及基本财务状况和财务预测等等。当然，创新创业团队的商业意识、创新能力和竞争优势，就体现在千篇一律的格式之中，告诉投资人“为什么这件事你能成，为什么做同样的事你会做得比别人好”。

（二）封面和目录

创业计划书的封面应包含公司的名称和业务亮点，以吸引投资人或评委的注意力。以近几年互联网＋大赛的冠亚军项目为例，“中云智车——未来商用无人车行业定义者”“智网云联——无限共算全球算力交易平台”“回车科技——未来全脑智能行业定义者”，都是由公司名称＋定位／亮点所组成，说明这样的结构能够产生一定的吸睛效果。寻求投资用的计划书应印制专业而美观、有准确的目录索引，使读者可以快速找到他们想要看到的内容。当然，一定要留好公司主要负责人的联系信息。

（三）业务概况／总结

这是一个非常重要的部分，大概用一页纸的篇幅，主要概述公司产品和服务特征、市场潜力、竞争优势、商业模式以及融资需求等最主要的几个商业问题。主要目的是把公司的产品／服务用最短的篇幅、最前的位置给投资人或评委一个基本的把握，也是为了把后面更复杂的细节问题提前讲清楚。这也是吸引投资人继续看下去的重要部分。

（四）市场分析

描述企业所在行业的市场状况和市场规模、国家或行业的有关政策和市场预期增长率、企业所定位的细分市场和目标客户特征，以市场研究或统计数据作为论证的基础。

（五）竞争分析

明确指出与企业竞争的类似产品和服务，分析竞争情况并确认竞争对手的信息，包括竞品公司、市场份额、优缺点、市场策略及发展趋势等，并仔细比较企业的状况。在价格、质量、功能等方面，不同竞争对手的产品和服务说明了公司为何能赢得竞争。

（六）产品和服务

公司计划或当前提供的产品／服务的类型以及未来的发展计划，解决了哪些细分市场客户的需求痛点，说明产品和服务的独特性。产品介绍要包括成本、质量、功能、可靠性和价格等，以及产品的开发进度。此处需要点明公司的业务壁垒，也就是为什么你能成而别人不能成？是技术能力强大还是运营能力超群？是否已经取得了专利，进行了知识产权布局？还是已经通过了商业模式验证，占据了较大的市场份额？

（七）财务计划

用财务数据来说明公司的业务规划和发展计划，包括一年期的现金流量、三至五年期的业务发展计划（包括营收预测、现金流预测、用户规模、流量获取等）。同时也要说明企业的实际财务状况、募集股权资金的用途。这些财务数据要与上下文中当前和未来开展的业务相契合，形成相互支撑。

（八）团队情况

介绍公司的发起原因、发展情况，突出团队组成与公司业务的契合度和领导力，包括学历结构、年龄结构、职业背景和学历的亮点。最后要明确地指出公司发展的愿景。

（九）附录

这部分应附上关键人员、行业顾问的履历、职位，企业知识产权证明，企业所获奖励，财务报表以及陈述的其他数据资源等。

（十）创业计划书模板

第一部分　××项目摘要

一、公司简单描述

二、公司的宗旨和目标

三、公司当前股权结构

四、已投入的资金及用途

五、公司当前主要产品或服务介绍

六、××市场概况和营销策略

七、主要业务部门及业绩简介

八、核心经营团队

九、公司优势说明

十、目前公司为实现目标的增资需求：原因、数量、方式、用途、偿还

十一、融资方案（资金筹措与投资方式及退出方案）

十二、财务分析

1. 财务历史数据

2. 财务预计

3. 资产负债情况

第二部分　××项目综述

第一章　公司介绍

一、公司的宗旨

二、公司简介资料

三、各部门职能和经营目标

四、公司管理

1. 董事会

2. 经营团队

3. 外部支持

第二章　××技术与产品

一、技术描述及技术持有

二、产品状况

1. 主要产品目录

2. 产品特性

3. 正在开发 / 待开发产品简介

4. 研发计划及时间表

5. 知识产权策略

6. 无形资产

三、××产品生产

1. 资源及原材料供应

2. 现有生产条件和生产能力

3. 扩建设施、要求及成本，扩建后生产能力

4. 原有主要设备及需添置设备

5. 产品标准、质检和生产成本控制

6. 包装与储运

第三章　××市场分析

一、××市场规模、市场结构与划分

二、××目标市场的设定

三、××产品消费群体、消费方式、消费习惯及影响市场的主要因素分析

四、目前公司产品市场状况，产品所处市场发展阶段（空白 / 新开发 / 高成长 / 成熟 / 饱和），产品排名及品牌状况

五、××市场趋势预测和市场机会

六、××行业政策

第四章　××竞争分析

一、有无行业垄断

二、从市场细分看竞争者市场份额

三、主要竞争对手情况：公司实力、产品情况

四、潜在竞争对手情况和市场变化分析

五、公司产品竞争优势

第五章　××市场营销

一、概述营销计划

二、销售政策的制定

三、销售渠道、方式、行销环节和售后服务

四、主要业务关系状况

五、销售队伍情况及销售福利分配政策

六、促销和市场渗透

1. 主要促销方式

2. 广告 / 公关策略、媒体评估

七、产品价格方案

1. 定价依据和价格结构

2. 影响价格变化的因素和对策

八、销售资料统计和销售记录方式，销售周期的计算

九、市场开发规划，销售目标

第六章 ××投资说明

一、资金需求说明（用量 / 期限）

二、资金使用计划及进度

三、投资形式（贷款 / 利率 / 利率支付条件 / 转股——普通股、优先股、认股权 / 对应价格等）

四、资本结构

五、回报 / 偿还计划

六、资本原负债结构说明

七、投资抵押

八、投资担保

九、吸纳投资后股权结构

十、股权成本

十一、投资者介入公司管理之程度说明

十二、报告

十三、杂费支付

第七章 ××项目投资报酬与退出

一、股票上市

二、股权转让

三、股权回购

四、股利

第八章 ××项目风险分析

一、资源风险

二、市场不确定性风险

三、研发风险

四、生产不确定性风险

五、成本控制风险

六、竞争风险

七、政策风险

八、财务风险

九、管理风险

十、破产风险
第九章　公司管理
一、公司组织结构
二、管理制度及劳动合同
三、人事计划
四、薪资、福利方案
五、股权分配和认股计划
第十章　××项目财务分析
一、财务分析说明
二、财务数据预测
1. 销售收入明细表
2. 成本费用明细表
3. 薪金水平明细表
4. 固定资产明细表
5. 资产负债表
6. 利润及利润分配明细表
7. 现金流量表
8. 财务指标分析

三、创业计划书写作的基本要素和注意要点

（一）一气呵成、逻辑自洽

虽然已经给出了创业计划书的基本格式和框架模板，但创业计划书的写作并不是按照模块进行的拼凑，而是一个公司整体商业逻辑的高度凝练和集中呈现。计划书是本书关于创业实践训练各个环节和公司创业过程的集中体现，是要把整个公司的商业模式和商业故事完美而精练地表达出来。创业经历和公司情况不可能事无巨细、拉拉杂杂全部写在计划书里，因此就有一个筛选和凝练的过程。总的原则就是，呈现出来的所有文字都是公司业务的创新和亮点，即使没有亮点、即使是缺点也要能够自圆其说。材料选取之后还有先后顺序，比如是先写团队的优势还是先讲团队要做到的事情？是先把拿过的奖、获得过的专利展示出来，还是放到最后作为证据？是先说已经做出的成绩还是先讲目前的竞争环境？等等。而在先后逻辑的基础上，还有总分逻辑、因果逻辑等一系列复杂的逻辑蕴含其中。尤其是一些涉及技术与金融相结合领域的业务，产品和金融业务相关的往往就会存在逻辑不清这样的问题，如信用逻辑、信贷逻辑、风控逻辑等不同层次、不同关系的逻辑。只有在把所有涉及的商业逻辑都能够自圆其说、逻辑自洽、形成闭环之后，项目才能具有可行性。

（二）文字精练、表达清楚

有知名的投资人曾表示，看到的 95% 的项目都搞不明白自己到底是做什么的，自己项目的定位是什么。为什么上文强调，要用专门的篇幅来概述最主要的几个商业问题，就是避免因为篇幅过长、文字不精练、表达不清楚等造成投资人看完计划书、评委看完路演仍然不知道这个项目想要表达什么、想做的是什么。在创业计划书中，创业者应尝试用简单的词来形容一切。可能创业者对有些特殊行业或技术的定义和属性非常清楚，但其他人并不一定理解其含义。更多的情况是因为长期缺乏演讲和表达的训练，讲问题抓不住要害、写东西云山雾罩，自以为云淡风轻，结果让人感觉是避重就轻。这个问题不仅仅出现在大学生的创业路演和创业比赛之中，其实很多社会路演，尤其是连续创业者的路演，依然很严重地存在这个问题，值得大家投入更多的重视和精力来解决。

（三）论证充分、论据翔实

商业逻辑和商业模式的每一步都需要用数据和案例加以论证，这样既不至于空洞，也能够提高对评委或投资人的说服力和感染力。这个时候，就要综合运用之前章节教给大家的做用户调查的数据、做产品验证的数据。而类似收入、净利润等核心指标，以及支撑收入的一些关键业务指标，则是财务预测和融资需求的构建基础。只有基于这些关键业务指标，我们才能构建出一个完整的财务模型、收入模型，比如对竞品要做量化分析，表明自己的产品或服务能够占有多少市场份额；对用户和细分市场的分析，要证明产品可以多大程度上解决用户的痛点，用户又可以推荐带来多少后续用户。不同的产品、不同的商业模式的指标体系和模型可能完全不同，但归根结底比较的是支撑关键业务指标增长的关键动作、战略规划到底是什么。最终形成一个循环嵌套、论证严密的系统，这也是体现创业计划书独特的竞争力和创新性的文眼所在。

课堂训练

讨论：在大赛中如何制作 PPT 和视频更有吸引力？

提示：同一个项目、不同水平的 PPT 和视频在路演和比赛中，效果会有很大的差别。一般来讲，创业比赛路演的 PPT 内容要充实、丰富、翔实、有深度；画面布局要合理，可以找专业公司美化，但是也不必太复杂。PPT 本身不一定都有模板或套路，但要突出重点、突出内容。令人印象深刻的是 2018 年第四届互联网大赛总决赛浙江大学邦威科技，在 PPT 中嵌入动画。而宁波大学的墨子光电，使用变形镜前后的照片对比。

做视频和做 PPT 一样，要体现自己的特点。太过简单的视频可能会给路演减分，所以还是找相对专业的机构来做，要有脚本、拍摄、素材、制作。视频要展示在 PPT 中没有办法展示的东西，要让评审人看到项目的精华，也能让评委注意到参赛者的用心和专业。

案例研究作业

彩虹蜗牛的金奖创业计划书

2016 年 10 月，第二届中国“互联网 +”大学生创新创业大赛全国总决赛在武汉华中科技大学举行，中国人民大学“彩虹蜗牛”团队与其他高校项目一起获得金奖。“彩虹蜗牛”由中国人民大学商学院的余笛、李天宁等三位同学联合创办，致力于幼儿素质教育，从娃娃抓起，培育中国下一代脊梁。参赛时，团队已经完成原创课程达 505 节、200 余万字；互联网平台有 8 万余个注册用户；已有线下实体店 55 家、201 个合作教学点，分布于全国 170 个城市。现将当时“彩虹蜗牛”参赛路演的计划书 PPT 作为案例收录如下（见图 8－1 至图 8－18）。

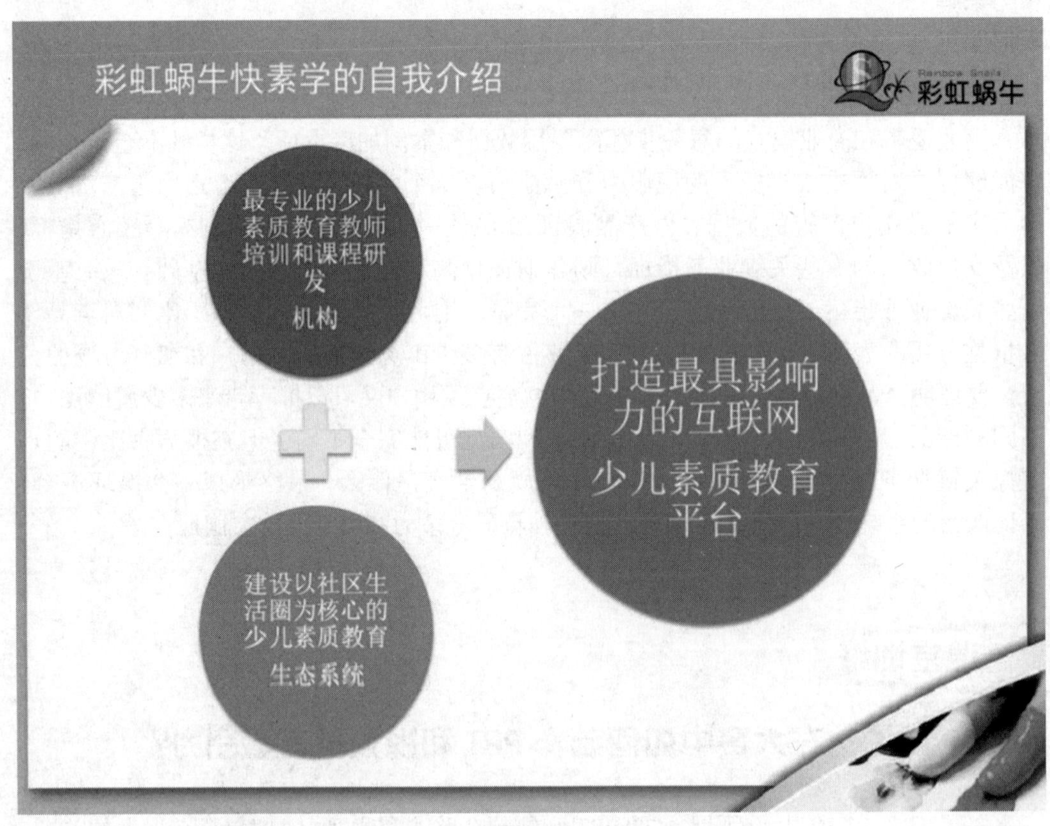

图 8－1

项目亮点

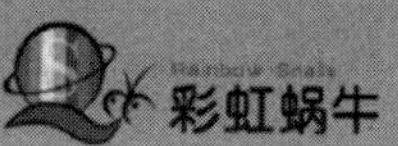

1. 素质教育正在政策风口

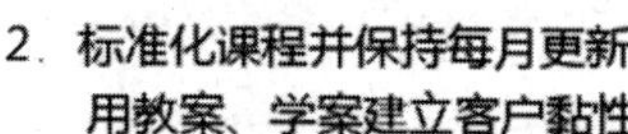
2. 标准化课程并保持每月更新，用教案、学案建立客户黏性

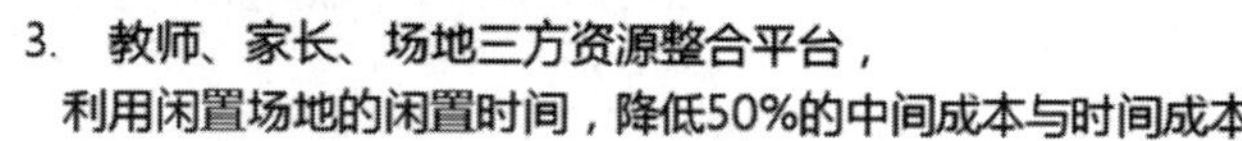
3. 教师、家长、场地三方资源整合平台，利用闲置场地的闲置时间，降低50%的中间成本与时间成本

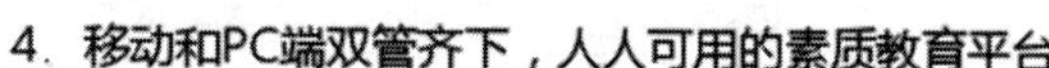
4. 移动和PC端双管齐下，人人可用的素质教育平台

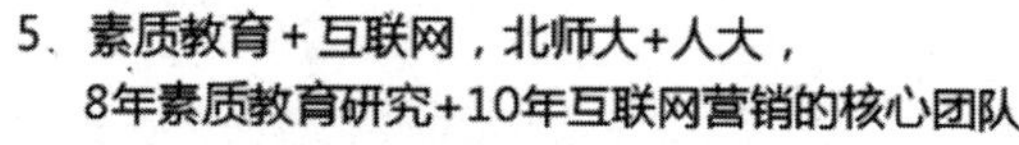
5. 素质教育+互联网，北师大+人大，8年素质教育研究+10年互联网营销的核心团队

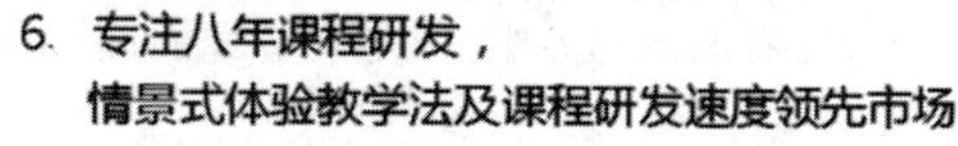
6. 专注八年课程研发，情景式体验教学法及课程研发速度领先市场

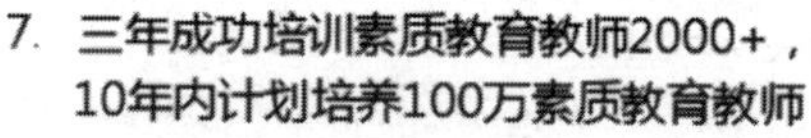
7. 三年成功培训素质教育教师2000+，10年内计划培养100万素质教育教师

8. 创始人团队4年时间开设53家实体店，课程验证和市场验证。

图 8－2

彩虹蜗牛快素学现状摘要 （无大规模推广，无补贴）

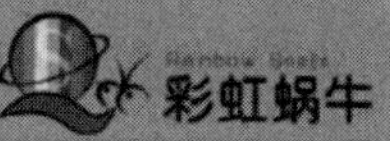

- 2015年8月-12月总营业收入：400万
- 基本达到月盈亏平衡
- 日最高交易额：11万
- 业务规模月增长率：20%
- 付费会员数量：3250
- 注册教师数量：500+
- 注册场地提供方：100+
- 教案库：200+，每月产生4份新教案，自主知识产权课程10+
- 文化部表彰的“百强优质产品”课程一项

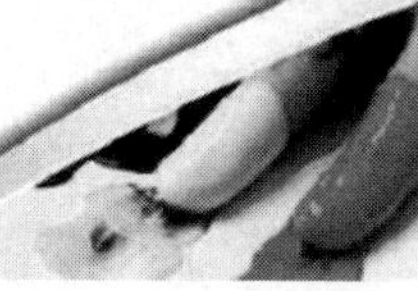

图 8－3

核心团队介绍

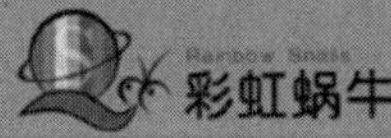

余笛 CEO

- 北师大教育学本科、教育心理学硕士，人民大学MBA
- 大三创业，第一个创业项目德方教育在没有引入资本的情况下，2011-2012年度流水500万
- 8年专注素质教育课程研发、独创情景式体验教学法
- 2015年中国100大MBA人物，MBA优秀创业奖

毛娟 研发教研总监

- 北师大教育学本硕博
- 中国素质教育研究协会副会长，专注素质教育教学教研十余年
- 曾就职于北师大幼儿园，任园长及教学主管

李天宁 运营总监

- 人民大学MBA
- 搜狐畅游端游部运营总监
- 成功运作包括天龙八部在内的数十款端游的运营推广

韩美 教学总监

- 北师大教育学硕士
- 大一开始教育兼职，先后在新东方、红黄蓝、学而思等教育机构任职，
- 担任番茄苗店长、市场经理、北京区域经理，具有丰富的实体店运营管理经验。

图 8－4

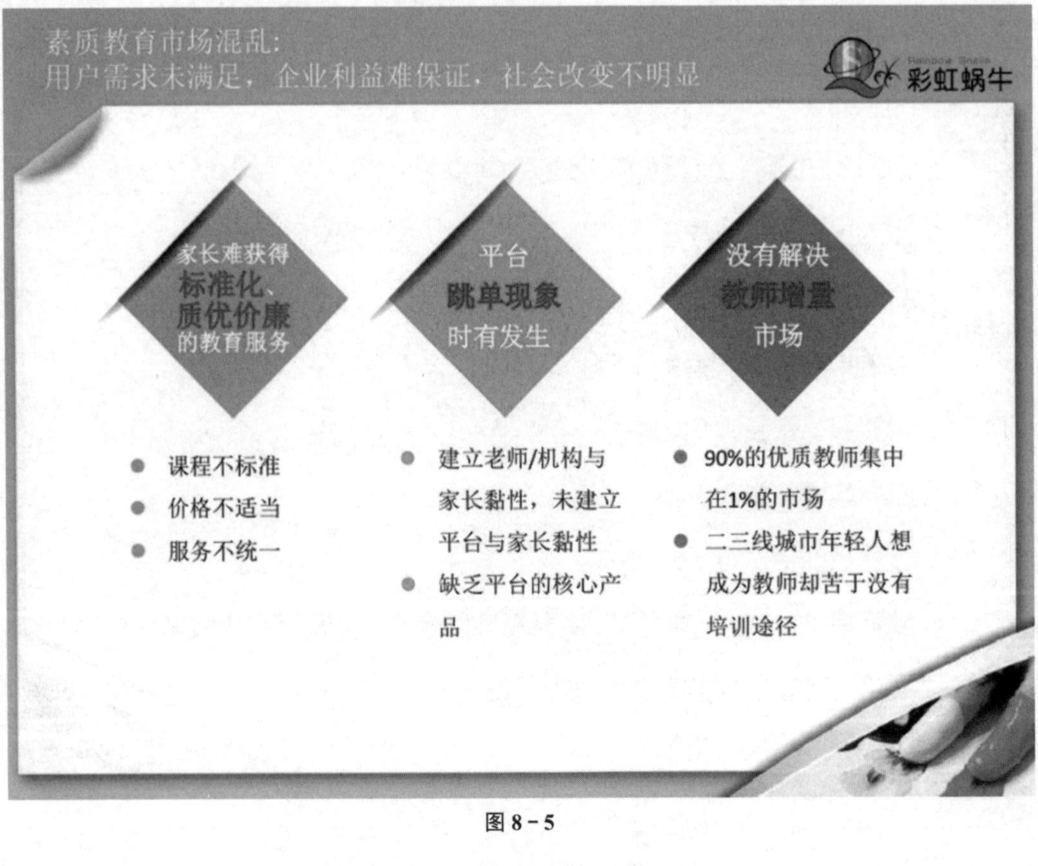

素质教育市场混乱：用户需求未满足，企业利益难保证，社会改变不明显

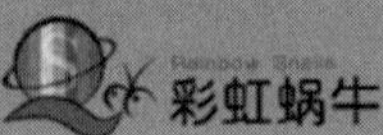

家长难获得标准化、质优价廉的教育服务

- 课程不标准
- 价格不适当
- 服务不统一

平台跳单现象时有发生

- 建立老师/机构与家长黏性，未建立平台与家长黏性
- 缺乏平台的核心产品

没有解决教师增量市场

- 90%的优质教师集中在1%的市场
- 二三线城市年轻人想成为教师却苦于没有培训途径

图 8－5

彩虹蜗牛快素学：
打通素质教育服务链条，构建素质教育消费闭环

线上培训+线下考核
解决增量市场

- 标准理论课程
- 创新视频示范课
- 题库式考核
- 线下体验店综合测试

线下研发+线上共享
标准化教学产品

- 以情景式体验教学法为核心构造的课程体系
- 明确每节课程目标
- 提供标准教案、学案
- 实现知识变现与课程创新

线上匹配+线下授课
优化教学服务

- 教师发起课程、家长选择课程
- 线下闲置场地、闲置时间的利用
- 基于社区生活圈，降低时间成本
- 5人成班，快速引流

线上评价+线下监督
构建消费闭环

- 在线支付，线下消费
- 退款保证，在线点评
- 视频直播监督，家长放心
- 本地化全职管理团队，把控教师及课程质量

图 8-6

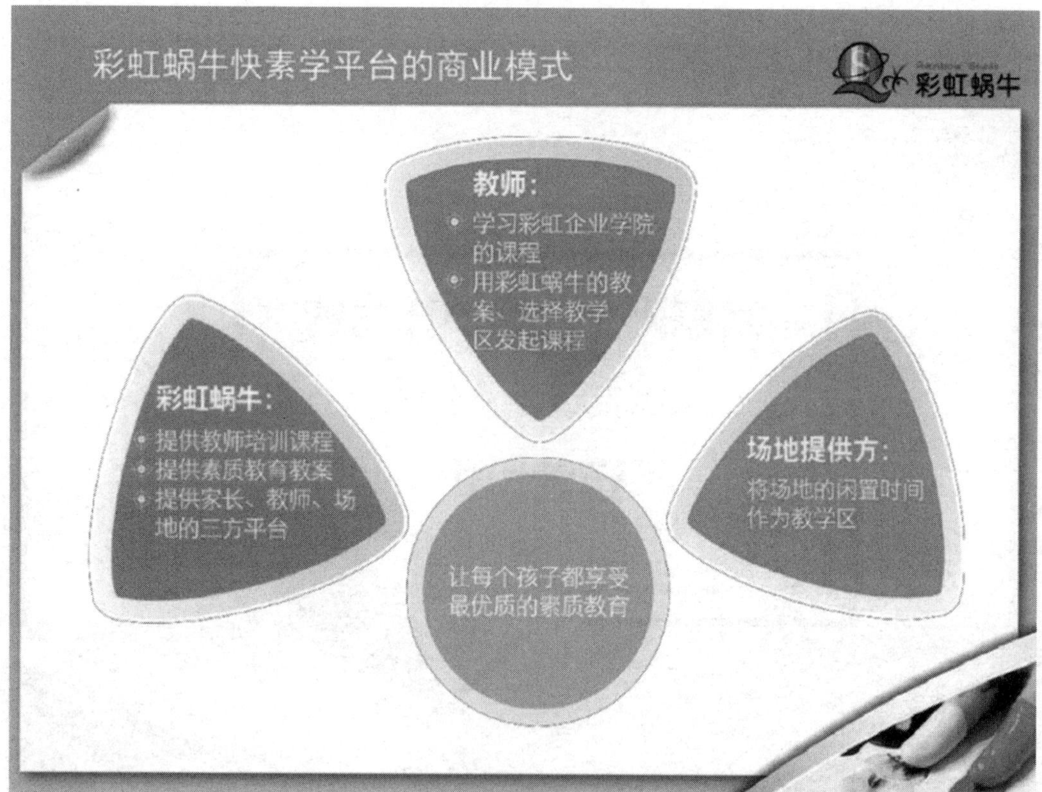

图 8-7

关于彩虹蜗牛的一些题外话

经济价值与社会影响并存

- 解决了教育资源分配不均匀的问题
- 解决了劳动力就业的社会问题

彩虹蜗牛的企业愿景

- 制定素质教育教师培训的规则
- 制定素质教育学习体系的规则

情怀

- 教育的本质是让更多的人接受教育
- 教育的本质还是要回归到让老师与孩子面对面地“传道、授业、解惑”中来

图 8-8

图 8-9

竞争分析

公司	嗨课	快素学	跟谁学
服务		标准化课程、标准化教师	非标化（个性化老师服务）
价格	相对规范（机构自己把控，150~500）	规范（当地培训机构的一半）	自定义（免费~上万）
产品	分散（机构自己把控）	聚焦（以情景式体验教学法为核心的少儿素质教育课程）	分散（1对1/答疑/涵盖教育全产业）
服务者类型	聚焦（中小型机构/工作室）	聚焦（教师、愿意成为教师的人）	自定义（免费~上万）
对服务者的支持	一般（线上推广/场地共享）	全面（培训、教案、平台管理系统、闲置场地）	较少（仅线上推广）

图 8－10

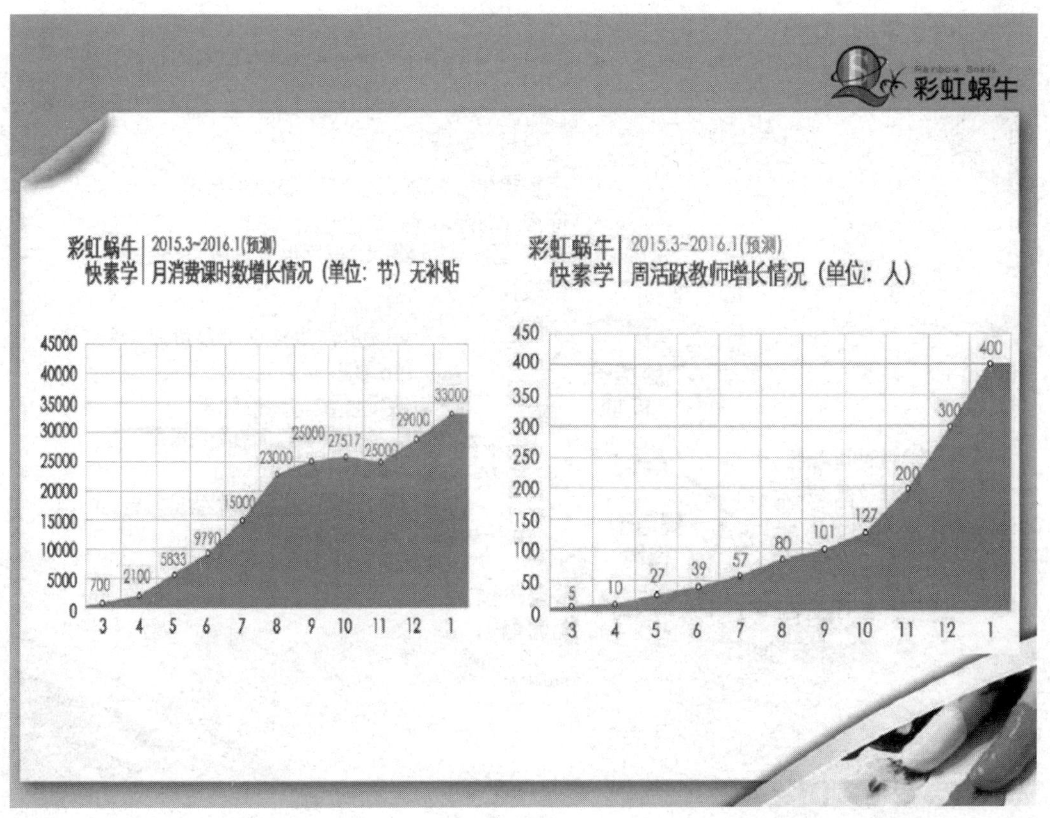

图 8－11

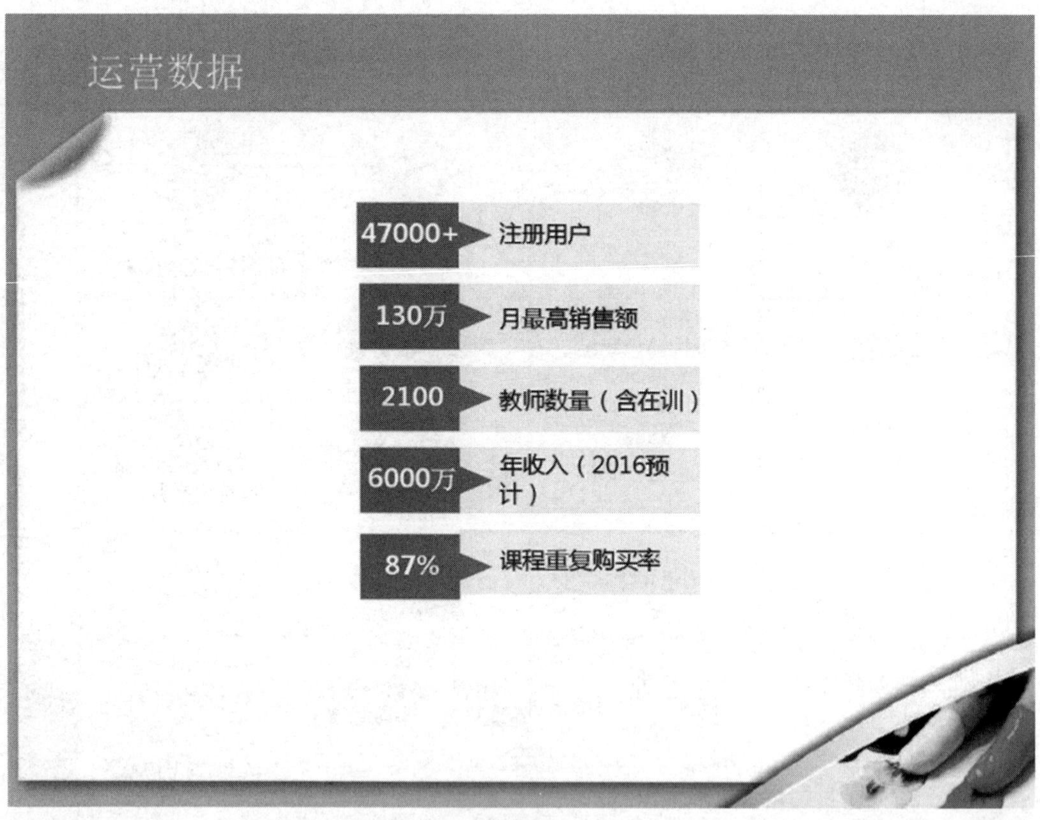
运营数据
47000+
注册用户
130万
月最高销售额
2100
教师数量（含在训）
6000万
年收入（2016预计）
87%
课程重复购买率

图 8－12

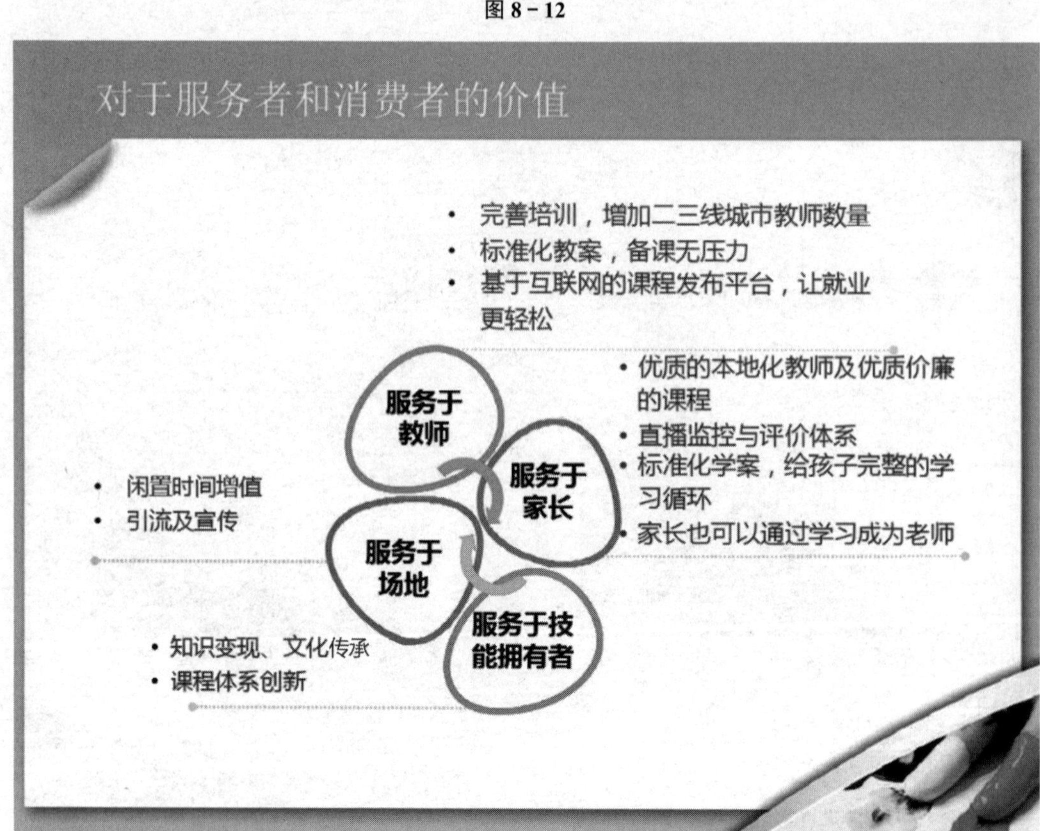
对于服务者和消费者的价值
• 完善培训，增加二三线城市教师数量
• 标准化教案，备课无压力
• 基于互联网的课程发布平台，让就业更轻松
服务于教师
• 优质的本地化教师及优质价廉的课程
• 直播监控与评价体系
• 标准化学案，给孩子完整的学习循环
• 家长也可以通过学习成为老师
服务于家长
• 闲置时间增值
• 引流及宣传
服务于场地
• 知识变现、文化传承
• 课程体系创新
服务于技能拥有者

图 8－13

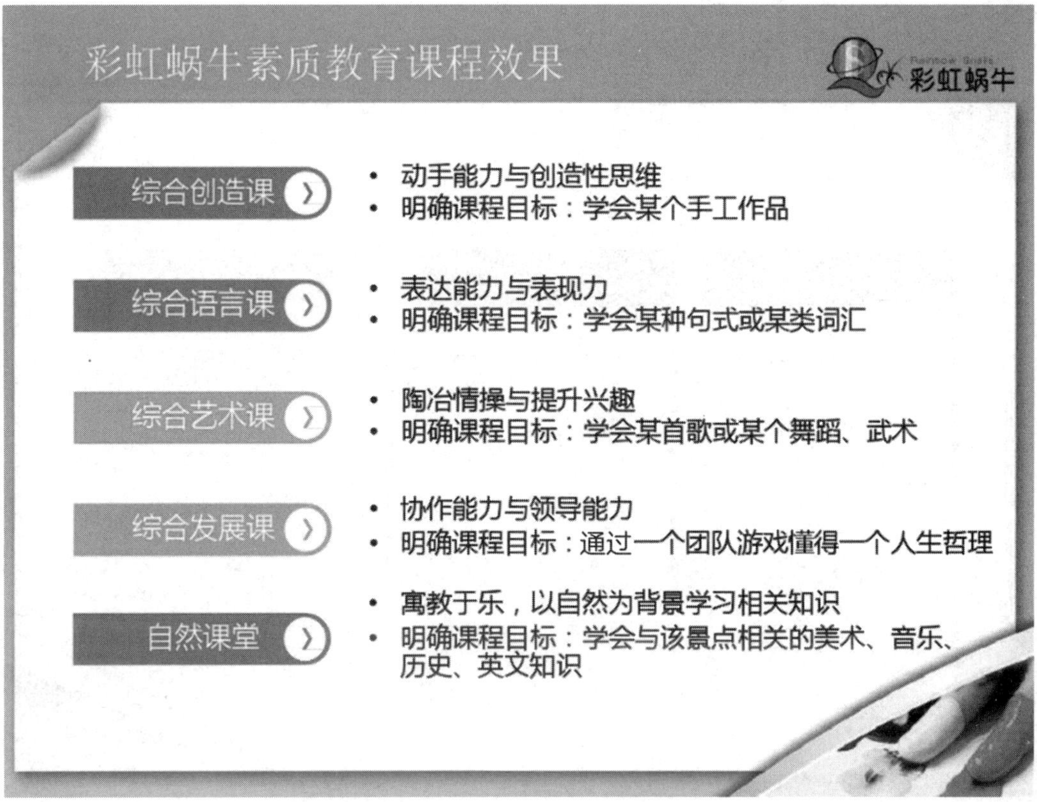

彩虹蜗牛素质教育课程效果
Rainbow Snails
彩虹蜗牛
综合创造课
• 动手能力与创造性思维
• 明确课程目标：学会某个手工作品
综合语言课
• 表达能力与表现力
• 明确课程目标：学会某种句式或某类词汇
综合艺术课
• 陶冶情操与提升兴趣
• 明确课程目标：学会某首歌或某个舞蹈、武术
综合发展课
• 协作能力与领导能力
• 明确课程目标：通过一个团队游戏懂得一个人生哲理
自然课堂
• 寓教于乐，以自然为背景学习相关知识
• 明确课程目标：学会与该景点相关的美术、音乐、历史、英文知识

图 8－14

彩虹蜗牛快素学平台的财务模型
Rainbow Snails
彩虹蜗牛
教师：占50%收益
收费标准为：该地区培训机构课时费的50%，5人成班，15人封顶。
场地提供方：占30%收益
彩虹蜗牛：占20%收益

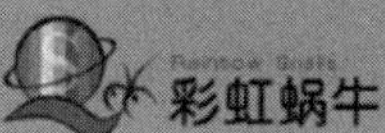

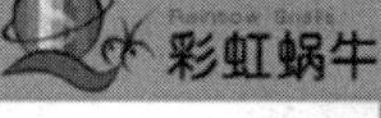

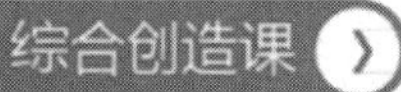

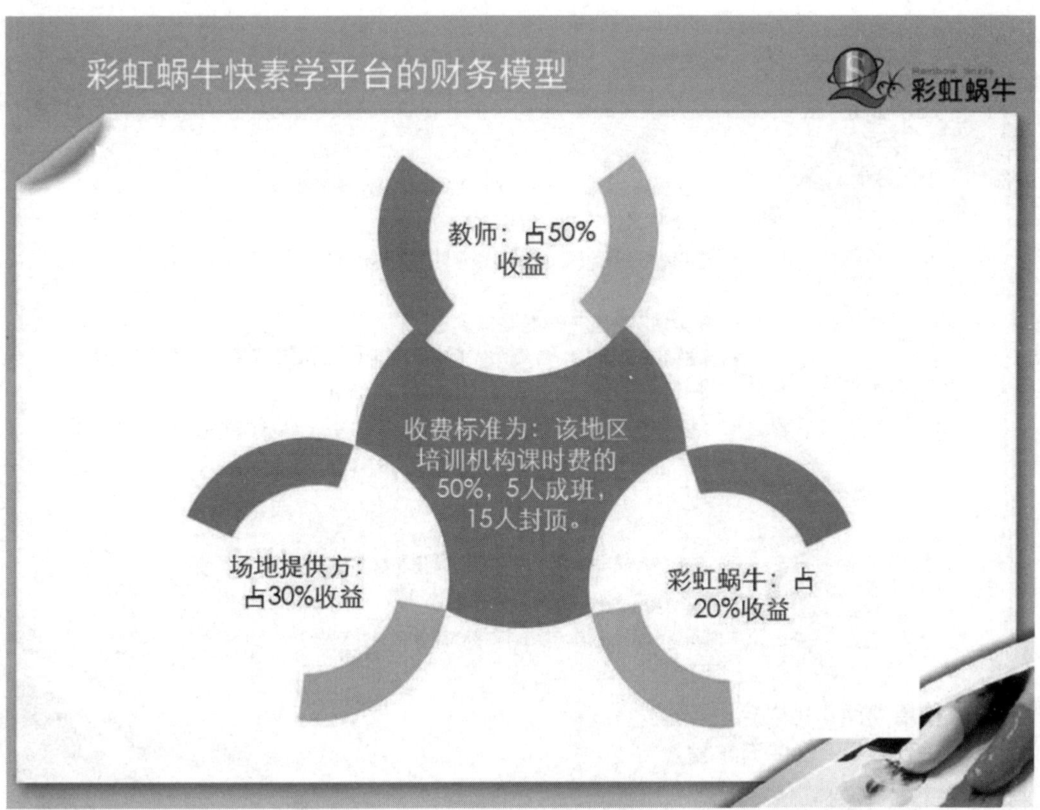

图 8－15

彩虹蜗牛 Rainbow Snails

2016年底	2017年底	2018年底
进入200社区/20城市	500社区/50城市	1000社区/100城市
10万人次/月均	30万人次/月均	80万人次/月均
5000培训训教师	20000培训教师	100000培训教师
6000万收入	3亿/年营收	10亿/年营收

图 8－16

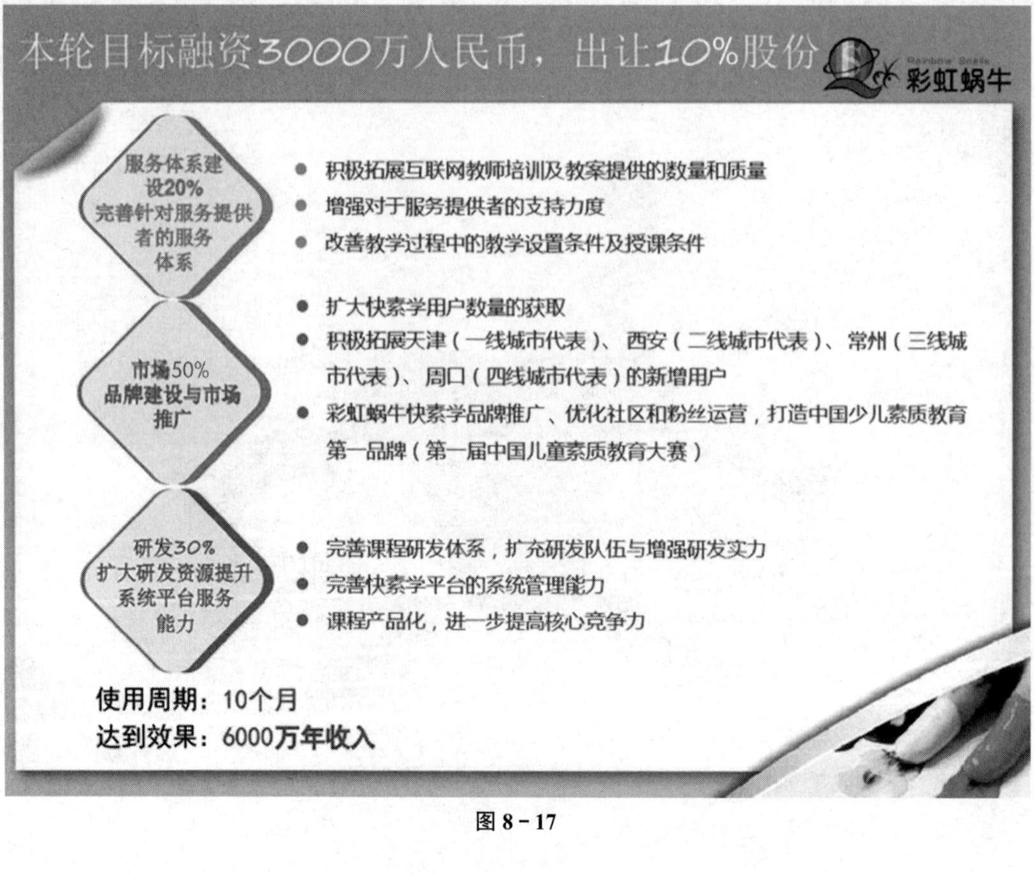

本轮目标融资3000万人民币，出让10%股份

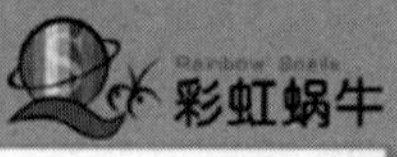

服务体系建设20%
完善针对服务提供者的服务体系

- 积极拓展互联网教师培训及教案提供的数量和质量
- 增强对于服务提供者的支持力度
- 改善教学过程中的教学设置条件及授课条件

市场50%
品牌建设与市场推广

- 扩大快素学用户数量的获取
- 积极拓展天津（一线城市代表）、西安（二线城市代表）、常州（三线城市代表）、周口（四线城市代表）的新增用户
- 彩虹蜗牛快素学品牌推广、优化社区和粉丝运营，打造中国少儿素质教育第一品牌（第一届中国儿童素质教育大赛）

研发30%
扩大研发资源提升系统平台服务能力

- 完善课程研发体系，扩充研发队伍与增强研发实力
- 完善快素学平台的系统管理能力
- 课程产品化，进一步提高核心竞争力

使用周期：10个月

达到效果：6000万年收入

图 8－17

图 8 - 18

研究问题

1. 用本章介绍的方法，点评一下彩虹蜗牛的这份创业计划书有哪些优点（提示：可以从亮点提炼、商业模式分析、竞品分析和愿景等角度切入）。
2. 从比赛型创业计划书和融资实践创业计划书的比较视角切入，思考一下，这份用来参加创业比赛的计划书还有哪些不足之处？（提示：对校外辅导机构的宏观政策及相关的风险警示或风险控制；收入预测方法是基于哪些方法或判断；是否考虑规模化增长之后商业模式的瓶颈及获客成本的增加。）

注释

[1] 余露，明文. 首届中国“互联网 +”大学生创新创业大赛金奖背后的故事. http://jx.ifeng.com/jdz/detail_2015_11/04/4518465_0.shtml.
[2] 陈姚. 大学生创业十问. 中国青年报 · 青年时讯周刊，2019 - 06 - 14.
[3] 徐飞扬，王玉明. 创业计划书对大学生创业的指导性探析. 文化创新比较研究，2019，3（34）.

创业要避免哪些坑？

——创业风险防控与失败管理

创业失败的意义建构[1]

2018年6月8日，许久没有消息的贾跃亭发布了一条新的微博。他转发了一条来自Faraday Future官方账号的消息，称FF已正式获得政府许可，委托加州某商业建筑商为FF汉福德工厂总承包商，并配以评论“FF 91高品质交付又近了一大步”。看似激动人心的内容下面应者寥寥，其中不乏讽刺甚至谩骂。

自2016年11月贾跃亭自曝乐视生态存在资金链断裂危机起，乐视帝国在众人的密切注视下，以极具戏剧性的方式迅速陷入分崩离析的境地。2017年7月辞任乐视网全部职务赴美造车的贾跃亭成为失败者的典型代表，甚至背上了“失信者”的骂名。

迄今为止，尽管仍然很难分辨贾跃亭或乐视的败局在多大程度上算创业失败、多大程度上涉嫌欺诈，但经历了媒体及大众围绕乐视危机发起的集体狂欢，贾跃亭重回昔日顶点的希望看上去已相当渺茫，除非他真的能打造出一个令世人甘心承认被“打脸”的汽车王国。

在众目睽睽之下走进至暗之门的贾跃亭是一个有些极端的例子，但他的经历反映了一个普遍现象：所谓“创业失败”的意义建构是一个极其复杂的社会化过程。

一方面，创业失败的意义建构受到社会各方成员的影响。一旦创业失败被察觉或发现（例如企业申请清算或者破产保护），当事企业及当事人常会被认为“名誉扫地”，社会成员可能会对其产生认知、情感或归因上的偏见，相关反应可能给当事企业或当事人带来负面影响，甚至影响创业者对失败意义的理解及随后的决策。

另一方面，社会成员对失败的意义建构是在各方互动的过程中形成的。创业者、职业经理人、员工、外部合作者等相关方对失败可能有着完全不同的理解，并不存在一个天然的“共识”，很多时候要靠记者等意义建构的中介者、仲裁者形成判断并散布。但创业失败的原因通常比较复杂，媒体的判断有流于表面或失之片面的可能，同时存在迎合大众的偏见和预期的天然倾向。

在这一过程中，多方利益相关者互动交织，共同塑造了对创业失败的集体性共识。所谓“众口铄金，积毁销骨”，真相有时并不重要，在自媒体盛行的“看客时代”尤其如此。正因如此，创业者很难以“独善其身”或“清者自清”的姿态面对失败，学会积极地管理失败是必修的功课。

一、创业公司的成长陷阱与风险防控[2]

研究发现，回溯大多数失败创业公司的生命历程，基本上都经历了业绩起步、迅速增长、遇到瓶颈到逐渐衰落的阶段。绝大多数公司在业绩高速增长之后显露败象，没有很好地防控创业风险，落入成长陷阱，增长反而加快了失败进程。举一个大学生比较熟悉的创业失败案例 ofo（小黄车），重点就成长陷阱问题进行风险提示。

（一）灰色地带野蛮生长陷阱

ofo 的创始团队和最早的创业行动均源于北京大学，戴威等校园骑行爱好者看到了大学校园这个较为封闭的空间中学生对短途出行的特别需求，在获得了金沙江等早期投资后将这一模式快速复制到其他高校，直至走出校园。自诞生伊始，ofo、摩拜等作为共享单车行业的代表企业，就游走在法律和行政监管的边缘地带。校园环境较为特殊，人流车流量都不是很大，获得大学管理机关的默许还可以勉强维持。但是在没有获得全面授权和经营许可的情况下，大量占用城市道路和人行道等公共空间，必然会造成城市重要交通枢纽的拥堵，影响正常出行秩序。与共享单车爆发式的野蛮生长几乎同时出现的是，社会舆论压力陡增，但整个行业并没有在如何依法依规经营方面进行改善，反而是在资本的加持下持续大量地投放自行车并开始恶性竞争。各种颜色的单车公司员工之间明争暗斗，打群架等治安案件也时有发生，最终招致政府严厉监管政策的出台，各地都专门发文规范共享单车的行业发展。

在监管灰色地带生存的创业项目，如果没有政策本身的松动就很难得到可持续的发展空间。在监管“口子”放开之前，其生存策略应是尽量“低调做事”的同时“低调做人”，绝不能因为利益诱惑而自毁前程，野蛮生长是不可能长久的，最终将自己身陷泥潭而不可自拔；而避免这种陷阱的策略，就是在获得一定资源之后，尽快转型发展，走进“阳光地带”，或争取政府资源倾斜，强化自身规范管理，争取能够在短时间内得到监管认可。

（二）战略意志薄弱和利益诱惑陷阱

2016 年 11 月，ofo 正式宣布走出耕耘已久的校园、进军城市共享单车市场，觊觎的正是主要竞争对手摩拜单车的传统市场。当时一些 ofo 早期的主要投资人对城市运营并没有兴趣，并不建议 ofo 轻易出击。但创始团队坚持要走“城市路线”，义无反顾冲入竞争的红海。复盘当时的创投环境，全社会流动资金面宽裕、共享经济正流行，单车企业融资成本很低。一边是公司手里余钱充足、持续烧钱的前景一片光明，另一边是创始团队眼馋对手的地盘，急于想要瓜分更大的蛋糕，在这种情况下一众共享单车企业都杀入了角逐城市公共空间的红海。与此同时，在各路资本的推动和海外上市的冲动下，ofo 和摩拜几乎同时开始了盲目国际扩张的道路。比如计划在日本市场投放 8 000 辆自行车，结果由于日本对公共场所和土地使用权的严格法律规定，最终只投出了 100 辆。

能否在市场竞争、资本压力和利益诱惑方面继续坚持战略定力，是考验创始人及其团队成熟与否的主要指征。面对城市发展瓶颈、国际发展受限、成本居高不下、政策空间缩小等明显要爆发的问题，ofo 没有及时对经营模式进行调整，也没有对车损、人员等运营成本进行及时止损，而是继续寻找新的资方、融更多的钱来填补漏洞。

在商业战场上，名校身份乃至家庭背景从来不是成功的必然因素，反过来甚至有可能会误导创始人的决策和认知。大学生往往充满了征服世界、改变世界的冲动，但却缺乏市场上摸爬滚打的经验和对生意的深刻洞察，冲动又会带来盲目。共享单车行业在校园等较为特殊的封闭空间中能够在一个时间段内实现盈亏平衡，但放到城市这样一个复杂的竞争环境中是否有商业可行性，至今还没有得到实际成果的证明。所以，对于商业模式不清晰、发展意志不坚定的项目，越是在资本驱动下获得高速增长，越有可能加速企业的灭亡。

（三）管理能力迟滞陷阱

一家成功的企业在获得快速增长的同时，往往伴随着组织运行和管理能力的快速提升，业绩和管理两者相辅相成，铸就了基业长青的基础。但反观 ofo 公司，内部则采用了一种类似“学生会”式的管理方式。典型的比如上下级之间称兄道弟，让一些原先在外企或互联网公司工作的新员工很不适应。在处理业务方面，也讲究兄弟义气，业务考核并不精确。伴随着战略的朝令夕改，业务团队的考核指标经常变化，最后形同虚设。这种管理方式在中国并非没有存在价值，问题在于，这样的模式是否适合创业企业，尤其是一家新兴经济企业？

一方面，对于创业企业来说，并不能因为新生业务或事业草创，就放松对规范化管理的要求。引入现代企业管理制度是企业管理者的必要职责，而坚持必要的量化考核机制，也是为股东、投资人和用户负责的正确态度。另一方面，对于互联网企业的创业者来说，正因为业务的独创性和原发性，更需要时刻坚守规范管理的理念和底线。对于共享经济这一新生事物，在“摸着石头过河”的业务探索阶段，公司在岗位职责、考核指标、业务流程方面也许比较难以快速规范，但基本的财务考核、绩效指标依然需要坚持，这也是人力资源管理的基本要义。而如何结合创业企业的业务特征进行有针对性的人力资源规划以及绩效、薪酬设计，则是考验创始团队能力和智慧的关键，也是决定一家创业公司能否由小及大、大且稳固的核心，而不是用一种江湖式的管理来妄图替代现代企业制度。否则面对瞬息万变的创业，以及居高不下、流动频繁的人力成本，最后往往是人的问题把企业拖入困境。

（四）烧钱融资造成的运营陷阱

当一个生意开始变得只能用更高的 burn rate（烧钱率）换取更高的 DAU（日活用户），就已经说明这不是一个好生意了。资本具有逐利性，“热钱”的目的就是如何低买高卖、全身而退，无关乎企业的好坏、基业的长青。这会鼓励创业团队想尽一切办法补贴用户，以换取后续更多的接盘资金继续烧钱，自身则得以在更高的价位上“出货”。而 ofo 长期忽视用户体验、车辆损耗率居高不下，这样的恶性循环严重削弱了用户黏性，瞬间集结的千万退款人是公司缺乏基本信任的证明，也成为最终压垮公司的那根稻草。

除了被资方裹挟、在共享经济的“风口”中“与狼共舞”之外，ofo 在处理资方关系上还犯了几次关键的战略性失误。例如，为了摆脱烧钱的陷阱和一时的困局，而陷入了阿里系和腾讯系创投之间的博弈之中，与滴滴、金沙江等战略投资者翻脸，结果越陷越深。如果不能协调前期和中后期股东之间的关系，一般的公司很可能直接就在增资中倒下了。

总的来说，ofo 作为共享经济的代表性企业，其兴衰值得作为创业失败管理的经典案例持续进行研究和反思。对共享经济这一创业风口的存在价值和发展规律，也有必要进行更加持久而全面的科学审视。对大学生创业者来说，研究创业失败案例，更多的应该是吸取教训，研究如何进行风险防控和陷阱规避，继续在创业这条注定艰难而美好的路上披荆斩棘。

失败情境模拟训练

在提前预习了本章的相关理论之后，教学现场可由老师组织与创业失败有关的情境模拟短剧。每个情境由两到三位同学参与，一般由一位同学扮演创业者，每个情境编成短剧不超过 10 分钟。其他同学要分组观看，对情境模拟的逼真性、创业者处理问题的合理性等互相打分。

情境可以包括但不局限于：

1. 购买了预付卡服务的客户上门来退卡，但公司已经破产，而且原先的服务协议中也没有明确顾客是否可以退卡。

2. 合伙人之间就公司债务分配产生纠纷。尽管三个创始人所占股份比例相同，主要创始人投入精力最多、出资也最多，却被另外两个创始人要求负担更多的债务。

3. 几家供应商一起把创始人逼到墙角，都要求优先兑付公司欠款，但是公司账面上已经没有足够的现金了，是选择一家还完欠债，还是每家都不答应？

4. 公司副总带领一批老员工将创始人团团围住，要求补发工资和兑现之前承诺的奖金。这些人一直跟随创始人左右，是公司的创业元老，彼此之间更是有深厚的感情。

5. 同学们自己设计的模拟场景。

训练目的：

1. 让同学们切身感受创业失败之后创业者可能遭受的困境和非议。
2. 尝试体验作为失败者如何处理创业失败之后的后续问题。
3. 共同探讨如何帮助失败者摆脱创业困境。
4. 共同讨论帮助情景模拟中的同学可以从中吸取的教训，以作出更好的改进。

二、创业失败后的管理策略和学习规划

（一）创业失败后的管理策略

ofo 的失败绝不意味着年轻的创业团队就再也没有翻身的机会，曾经的辉煌和暂时的落寞足以成为他们成长的宝贵财富。ofo 作为中国在校大学生创业的典型代表，其事业成就会长久地记录在中国创新创业史册上。创业失败管理理论认为，创业失败不是终点，而是开启创业失败管理进程的起点。所以对于创业者来说，如何较好地处理创业失败后的后续问题至关重要，但又是往往被大家忽视的。谁都喜欢谈成功，但不喜欢被人拿来说失败的那些事。所以请一定要记住，失败意味着一段事业的终结，但绝不意味着终身事业的终结。

第一个阶段是摆脱创业失败的心理困境。从历年公布的麦可思中国大学生就业报告来看，中国大学生创业成功率在 4%～5%。这就意味着绝大多数学生及其企业最终会创业失败，创业者应有清醒的自我认知和充分的心理准备。既要做到不盲目跟随风口创业、过于自信，最终成为大潮退去后“裸泳的人”，也不要因为创业失败就灰心丧气，自我否定甚至怨天尤人。创业失败之后必然会经历一段时间的阵痛期，其间亲朋好友、合伙人及客户等方方面面的压力都会袭来，甚至还有对失败污名化的各种困扰。阵痛期的长短因人而异，最长的也可能有几个月甚至半年左右。

第二个阶段是合理解决创业失败的遗留问题。以本章后面案例中提到的明星创业企业“青年菜君”为例。因投资“跳票”而产生了现金流断裂，在不到几个月内导致企业崩盘之后，创始人团队没有因为失败而互相埋怨、分崩离析。他们按照标准的公司破产处置顺序，陆续解决了拖欠工资、经营性欠款和部分债务。直到最后一次补发拖欠的工资，基本上还清了大部分债务，整个清盘处理过程历时半年多时间。创始人任牧还专门找到了愿意接受“青年菜君”原有的储值会员的企业，这都远远超出了一个破产企业应该承担的经济责任，堪称业界的榜样。

第三个阶段是全面清盘导致创业失败的原因。在经历了最初的阵痛期之后，强大的创业者也是未来能够成功的创业者敢于再次揭开伤疤，找到导致创业失败的真正原因，并在全面复盘的基础上，考虑后续的长远发展问题。复盘“青年菜君”的失败经历，其实如果“青年菜君”能再提前半年就着手降低成本，而不是继续利用激进的投资计划升级物流配送体系，投入像升级改造前置仓、重构物流组织结构等资金成本很高的项目，或许能撑到新零售概念风生水起的 2017 年，可能又会获得一线生机。另外，“青

年菜君”除了向老股东借债，还从最后“跳票”的政府引导基金的合伙人那里拿到了一笔过桥贷款，进一步让团队错估了风险。可见在融资没有到账之前，一切空头支票都需要创业者提前预估其风险。

第四个阶段则是重塑自我、再次出发。像“青年菜君”这样的创业项目在整个失败过程中，只是在融资环节犯了一个错误。但事实上创业者的风险承受能力和抗打击能力就是极其脆弱的，任何小错都可能致命，这也是很多创业教育专家呼吁创业者提升“反脆弱”能力的原因。但即使在这样的情况下，在即将发不出工资的关头，“青年菜君”的固定资产投资依然在继续，期待着融资一到账，就能继续狂奔。当局者迷，对于这样一个“押大、押小或者不押”的选择题，创始人却说当时看不到不押的那个选项，这就是那时候“青年菜君”的状态。无论何时，创业公司不论怎样强调安全创业和风险防控都不为过，这是千万创业前行者用血一般的教训换来的。

吸取教训是为了再次出发，但不一定是要继续创业者的事业。连续创业者可以选择不同的创业赛道，也可以选择加入别的创业公司，“青年菜君”创始人任牧就在创业失败之后选择加入共享充电宝行业担任企业高管。研究发现，许多连续创业失败但最终收获成功的创业者认为这是一个积蓄力量、厚积薄发的过程。这个过程有一个自我修炼重塑的过程，不仅要提升管理能力和应急反应，还要重塑自我的创业意志和人生修为。能够在面对利益诱惑的时候懂得放手，在风险集聚的关头知道收手，是创业者真正成熟进阶的重要标志。当然，通过创业失败，也可以强化自身的学习反思，发现自己如果并不适合创业的话，更多的人应该转而把相关经验积累起来投入职场，获得更为稳定的职业收入。而各种经验数据显示，有一定创业公司高管以上职业经历的年轻人，在职场上具有更多的关注和优势，也更加能够获得企业负责人的青睐。

划重点：应对失败者“污名化”的N条原则

为了不被利益相关者的负面反应拖入“至暗时刻”，创业者一般会采取印象管理策略来避免、应对这些负面反应。印象管理是指任何能够改变、保持个体在另一个人眼中形象的行为，这些行为的目的是达成某些有价值的目标。创业者应该主动运用印象管理策略管理失败，影响受众对创业失败的意义建构，以尽快走出失败的阴影。以下几条原则可供参考。

● 我心向阳。创业者需要明确的是，自己对自己的看法很大程度上决定了外界对自己的看法，因此不能因失败看轻自己，否则往往会吸引他人“落井下石”，以“受害者”心态验证自己的观点。创业者需要正确认识创业失败，失败是多数创业活动的必然结局，本身具有重要的学习价值。创业者在面对失败时可采用“净罪”（catharsis）的修辞说服自己，区分创业失败前后的自身，相信只有通过失败的洗礼才能获得提升和一个全新的自我，将失败解释为试错、“垫脚石”，是证明未来会有更大成就的“将军的伤疤”，向更加积极的方向引导相关方的态度。

● 积累资本。创业者拥有的社会资本（例如声望、社会地位）越多，创业失败越难以导致污名，即便造成污名，污名对创业者声誉的负面影响也非常有限。首先，地位、声望等社会资本会改变大众对创业失败的看法，拥有更多社会资本的创业者更易获得大众的善意和同情，令大众展现出更为积极的反应；其次，作为信任储蓄，社会资本

可以换来受众对创业失败的谅解；最后，社会资本有网络效应，创业者与网络中的其他精英相互支持，更易获得声援。因此，创业者平时应注意积累“人品”，少树敌、多交友，积累社会资本，并防止在“至暗时刻”透支自己的社会资本。

● 保持距离。创业者应与造成失败的“负面事件”保持适当距离，以减少失败的污名，尽可能说明造成失败的因素是不受创业者意志控制的外部因素，且该情形不会再次发生。当失败是由利益相关者不合规或不合法的行为导致时，创业者应当迅速明确责任方并与之划清界限，拒绝当“替罪羊”。

如果受众认为造成失败的原因是可控的，则更倾向于将处于事件中心的创业者视为主要责任人并采取惩罚措施；如果创业者将失败更多地归咎于自身，受众就有了明确的指控目标，指控会更多针对创业者个人；如果受众认为造成失败的因素极有可能再次发生，就会质疑创业者未来取得成功的可能。

● 充分沟通。我们的研究显示，创业者在创业失败后对创业过程进行详细陈述、曝光细节有利于减少失败的污名。一方面，谣言的产生很大程度上是因为创业者和受众之间信息不对称，受众能够获取的信息不够充足和准确，多数情况下会形成对失败的夸大式毁谤，创业者对信息的主动曝光能够在早期杜绝这种隐患。另一方面，创业者可以在详细陈述、曝光细节的过程中向受众展示其关键决策是通过科学的方式作出的，即便回到原点，失败仍不可避免，使社会受众有“代入感”，引发共鸣，获得谅解。

● 巧用组合。每种印象管理策略的有效性都存在相对因素，组合策略可能比单独使用某一种策略更为有效。例如隐瞒真相可能是不道德的，但它是一种有效的临时措施，能够为其他长期有效的策略，如积极定义、划分责任等赢得实施的时间。保持距离就往往意味着组合策略，我们的一项研究发现，如果创业者将失败框架设定为“环境太复杂、敌人太狡猾、我竭尽全力、之后不会再次发生”时，更有可能获得社会受众对失败的理解和接受。

● 因人制宜。没有普遍适用、一劳永逸的印象管理策略，对待不同特质、规模、身份和文化的受众要采用不同的策略。特质：具有宜人性（agreeableness）特质（例如一些有丰富行业经验的天使投资人）的受众更赞同创业者将失败归于外部因素；拥有较高自我效能感（self-efficacy）的受众（例如有很多成功投资经验的风险投资家）则期望创业者能更多地从自己身上找原因。规模：面对关系较为疏离、具有广泛性和多样性的公众时，与失败保持距离是更为保险的策略；面对关系更为紧密、规模更小的群体时，可以适当采用承担责任的策略。身份：以风投为例，投资人会将创业失败分为可接受的失败和不可接受的失败。当创业者表现出自己已竭尽全力，但仍由于运气、时机等外部因素失败，或表现出通过创业失败深刻理解自己的优势和劣势并愿意积极自我改善时，风险投资人会更倾向于将其理解为可接受的失败。文化：以英美两国为例，失败在美国更多地被视为学习经历，创业者可更多地采用积极定义的策略；失败在英国则会被视为耻辱，创业者应当与失败保持距离。

简而言之，创业者要在明确核心受众的前提下，因人制宜、因地制宜地选择印象管理策略，更好地管理自身在受众眼中的形象，以控制和削弱失败污名可能带来的威胁，快速走出至暗，奔向光明。[3]

（二）创业失败后的学习规划

现有大量的创业失败研究表明，适度的创业失败学习对新创企业的绩效有重要的正向促进作用。失败情境是创业过程和企业发展中的必然现象，为创业企业提供了宝贵的学习机会。

第一，反思策略和组织重塑。对于团队来说，通过创业学习进而重塑企业文化是需要规划的重要方面。创业失败、团队不散是难能可贵的幸事；但能否充分利用失败的契机，是团队成长成熟的真正标志。失败学习反思策略的重点应聚焦于重新梳理企业和团队原来的决策机制和既有流程。经验学习作为创业学习最主要的一种学习来源，关键是把正向、负向的经验都能够有机融入团队的能力提升，直至达到组织机制的重塑。用学习刺激员工寻找解决方案，激励变革和创新，降低未来创业进程中的不确定性，减少不可知结果，提升创业成功概率。而不是把吸取经验教训停留在口头或创始人个人层面，否则团队仍然有可能跌入同样的陷阱里。

第二，深度思考与文化再造。失败是最优质的经验学习来源，且相比于成功，失败更可能激励学习。深度思考策略是改造组织文化的最佳方法，一方面可以进一步筛选对企业战略文化深度认同和价值一致的员工，另一方面也进一步强化了组织的学习文化。以史为鉴，促使创业者将经验学习作为其核心的学习技能，丰富创业者的资源管理技能和管理经验，并强化宽容失败、长于反思、关注细节的文化，形成有效的创新激励和绩效预期。创业失败者还可以在后续创业中直接植入全新的组织文化，包括更加审慎理性的管理文化，注重风险防控和预警意识，强调处理危机的能力，帮助创业者在后续创业中取得成功，或促使创业者从事与创业相关的工作，在其他创业活动中充分运用这些知识和信息。

第三，智慧共享与行动升级。失败让原先创业过程中存在的非理性行动和信息不对称状态得以缓解，广泛搜集和听取各方意见，寻求下一步的行动方案，会积累宝贵的无形资产，最终各种备选方案和集思广益让选择中的不确定性得以进一步降低，使后续创业行动得到全面升级。基于反思和深度复盘策略，团队和个人应更加明确地找到失败的因素主要根植于管理决策中的哪些方面，进而可以寻求相关方面的专家、投资人的指导意见，参加相关的培训课程，进一步积累相关知识或经验。换句话说，知道自己的“软肋”在哪里，就去找相应的“牛人”学习。因而越是多次连续创业者，通过失败学习越能够积累锻炼更为强大的战略执行能力和组织运营能力。创业行动在战略执行层面，也将由原先团队的封闭状态、自我陶醉甚至刚愎自用，向开放并包、多元资源整合的方向升级。

案例研究作业

任牧、陈文、黄炽威都是中国人民大学社会与人口学院2004级的学生，分别学习不同专业，但是三人上大学的时候就相熟。2008年大学毕业后的5年间，任牧先

后做过公关和市场，还搞过一家文化公司，小日子过得风生水起。2013 年 9 月的一天，任牧忽然收到了陈文发过来的一个文档，说想做个半成品净菜电商，解决上班族的吃饭问题。

接下来的一个月里，任牧和陈文每天都在聊这件事；10 月，黄炽威加入，第一份商业计划书就“聊”出来了；11 月，三人做了大量的市场调研，开始打磨项目具体怎么做；也就是这个月，三人辞职并凑了 50 多万，取青年才俊的谐音创建了“青年菜君”。

以前也想过很多点子，但都没有像“青年菜君”那么决绝。可能在这之前我们也不够成熟，无论是哪方面的积累，都还不够支撑我们之前的每一次创意，而这次刚好有这样一个想法，又赶上了好的创业环境。合适的时间，跟合适的人，产生了合适的想法，就做起来了。

——任牧

（一）从零做起的生鲜自提电商

任牧三人讨论“青年菜君”时考虑的第一个问题是：要不要做配送？小农女送菜——腾讯离职员工在微信上卖半成品生鲜曾一度火爆，但 6 个月后宣布失败，主要原因就是写字楼配送成本过高。调研后发现，所谓的生鲜电商都有这个问题——最后一公里冷链宅配的成本太高了，线下的人力物力花费也多，难度很大。我们就决定不做配送，让用户自提。

这种消费习惯的改变需要时间，得先从线下的店面做起，吸引第一批用户。他们选中了北京北部的回龙观地铁口——一出地铁，这里就有 850 万平方米的超大规模社区。他们发现，地铁进出的那群人，无论是收入还是工作规律性等各方面，刚好是调研后认为最有价值的用户。地铁这种出行方式，天然帮助我们鉴别了目标受众。虽然当时任牧也认识到社区是非常有价值的，但资金有限，如果直接去“砸”社区，结果只可能是悄无声息地来，再悄无声息地“挂掉”。2014 年 3 月 3 日，“青年菜君”第一家实体店终于在回龙观地铁口开张了。

任牧他们把“青年菜君”店的门脸特意做得更高，照明做得更亮；半成品净菜一盒盒码得整齐，还搭配着油盐酱醋等调料，又干净又整洁。“门脸不一样，别人才会好奇说这店是干吗的，进来一看刚好想到晚饭还没着落呢，这菜也不贵，就试一下吧！我们的第一批用户，就是这么来的。”

菜品要想吸引人，一要新鲜，二要刀工专业。在团队只有三个人时，“青年菜君”做的第一件事，就是挖来了兰会所的头牌砧板师傅。那时任牧三人在回龙观租了个三居，又在底商租下了一个废弃的超市，建起了最早的“中央工厂”。

（二）打造线下线上的闭环

“青年菜君”开店第一个星期生意不错，但同时库存损耗也“很可怕”。因为没有对市场的明确预估，三个人一合计，第一天就拍脑袋定了 200 份菜，青椒肉丝、尖椒土豆丝，从 8 元到 20 元不等。他们还定了 200 份香菇油菜，买菜就送。但当天最后卖出了 100 多份菜，剩下的只能全部处理。毕竟都是自己的心血，几个人舍不得一下子倒掉，就一盒一盒地往垃圾袋里扔。

库存损耗的问题也让他们决定了“青年菜君”的网站下单模式：前一天下单，第二天店面自提。“我们按照订单采购制作，这样就把库存损耗的大坑给绕过去了。”在这个过程中，他们渐渐掌握了大概的订单量，也慢慢摸到了一些规律，比如周一和周五销量完全不一样，周五就是多，周一就是少。因为周六日无论是在家还是出去吃，总有打包或剩下的，很多客户周一就不买新菜。

网站上线后，“青年菜君”立即在店面做起了宣传，并在网上给予菜品一定的优惠，吸引更多人去线上订餐。“有的人下班晚了喜欢的菜卖完了，我们就跟他说，上网订去啊。当顾客发现线上预订有保障且价格更低时，他就从线下被拉到了线上，最终再回到线下自提，这样一个消费的闭环就实现了。”

为了锁定用户，“青年菜君”在口味方面会根据用户的反馈及时调整。“用户们天然有吐槽的好习惯，一觉得味道不好了，就会在网上或微信公众号里吐槽，说今天芹菜切得太长啊，不好熟等等，我们就接受这些建议。”“青年菜君”曾经有道菜叫番茄火龙果炒鸡蛋，有用户说这个菜加番茄酱炒更好吃，色彩也更好，第二天每个盒里就多放了一包番茄酱。此外，菜单也会定期更新，提倡营养搭配。凭借着非常快的响应速度，“青年菜君”的用户开始一点点增长，在开张一个月后实现了单店盈利。

（三）哪怕让客人多站半分钟

就在“青年菜君”一切上了轨道的时候，一件事情却把任牧吓坏了——进入 2014 年 7 月后，网上订单忽然出现了大笔下滑。任牧赶紧从后台给所有用户发私信询问，结果用户的回复是天热了不想吃饭，或天热了不想做饭。最后他决定，现场炒菜。

店员就在地铁口现场炒菜，浓郁的香味很快吸引了不少人。他们又将炒好的菜分成小碗，让人们免费品尝。“在经历了一天的工作再挤一小时地铁之后，整个人都不好了。一出来闻见味儿，寻着香就来了，这种方式非常能聚人。此外，现场烹饪，用户就可以目测这个菜从拆开包装到炒好盛出来的全过程，而在他们停下来试吃的过程中，我的工作人员就有机会去讲解“青年菜君”是什么。这边明明白白看着，很多东西都不需要讲解，两三分钟足够了。”

炒菜炒了两个星期，用户量有了明显的提升，但任牧觉得还不够。于是，他就在现场搞起了抽奖活动——在店前摆放一个金蛋一个银蛋，银蛋是扫码抽代金券，现抽现用，用于拉新用户；金蛋则是刺激老用户消费，但凡线上下单来提菜的就可以抽，里面的优惠券面值更大，还有锅、电饭煲、iPad 等奖品。一个星期后，销售量比做试吃时又提升了 70%～80%，一天能卖到 200 多单。

2014 年 5 月时，任牧认识了创业投资机构创业工场的创始人麦刚，并获得了来自麦刚的天使投资。麦刚也是人大的师兄，几乎每天都要给他们约七八拨机构、投资人谈。

8 月，“青年菜君”拿到了第二笔投资。运用这笔资金，“青年菜君”将中央工厂搬到了东南五环外将近 2 000 平方米的地方，并引进了日本技术的洗菜流水线。此后，带有冷链功能的自提柜研发生产、线下的渠道铺设、核心团队的搭建步步展开。截止到 2015 年 6 月，“青年菜君”团队已达到近 100 人，自提柜覆盖的社区有 160 多家。

（四）创业就像坐过山车

“青年菜君”的确给了任牧一段不一样的人生和体验，但体验并不见得总是美好和让人如意。在任牧讲出他自己创业动机的这段话之后的两年时间里，他的人生和“青年菜君”一起经历了过山车般的体验。

2015 年 7 月，任牧他们纠结了一个多月之后，决定把“青年菜君”的产品从社区自提转向配送上门，并在之后的 4 个月时间里咬着牙把之前铺设的 160 多个社区自提点全部撤回。

这简直是把自己之前坚持的方向彻底否定了，不过我们自己明白，随着整个市场环境和关联业态的发展，“青年菜君”可以用让用户体验感更好的配送上门服务来升级自提服务了。

——任牧

这一变化为“青年菜君”带来了很多媒体舆论的非议，但更重要的是，将“青年菜君”推上了真正的加速车道。10 个月后，“青年菜君”的订单量已经从当初的每天几百单上升到了最高超过 8 000 单。而这个数字距离“青年菜君”财务预测模型中的盈亏平衡点已经相差不远。

按照任牧的设想，“青年菜君”将会沿着这条路一直发展下去，成为一家主流的生鲜电商平台，上切供应链，下切物流，最终成为生鲜半成品行业标准化的制定者和实践者。就在一切都顺利发展时，一个意想不到的危机正在静静地等待着任牧和“青年菜君”，准备给快速奔跑的他们突然而致命的一棒。2016 年 7 月，之前跟进了半年时间的 B 轮投资机构突然跳票。

感觉像是参与到了一部狗血电视剧，实在没想到这只基金会在这种时候爆发内部矛盾，最终竟然因为基金被审计封账，算上我们在内的几个项目都当了炮灰。

——任牧

预期而来的融资中止，还让“青年菜君”面临着 1 000 多万元的负债压力。“在这之前，我们花了大量的资金与资源对‘青年菜君’的服务能力进行升级，已经做好了当天预订 2 小时内配送的各方面能力储备。”任牧在事后反思，“主要还是太确信这笔融资能够最终到位，毕竟这只基金最大出资方的 LP 还给我们做了一笔过桥，所以在做财务计划的时候确实太冒进了。为了保证能按原计划年内实现盈亏平衡，在投资方没有把钱给到我们的时候，通过债务的方式去保证发展速度与节奏，没有做相应的风险控制。”

2016 年 8 月，“青年菜君”业务暂停，裁撤大部分员工，进入休眠状态。值得一提的是，在这之后的半年多时间里，任牧始终在为这个负债千万、只有数名核心员工的

"残城"利益最大化奔波。

具体债要还多久还不知道，资本性负债短时间内可能还不上，但是债早晚都要还，因为不管怎样，它都是债。

——任牧

（五）对每个人都有所交代

在"青年菜君"深陷跳票风波后，媒体上一度充满对"青年菜君"的质疑和真真假假的爆料，很多朋友替任牧感到担心。那段时间只要有报道，就会有各种朋友微信转给他，给他加油打气。任牧总是会回复他们，起码我个人还不错，我顶得住。

但任牧的状态并不像他给朋友们的微信回复那样轻松，那段时间每天白天连着出去见人，和各种机构、各种人沟通解决"青年菜君"困境的办法，晚上根本不能回家，回到家只要往沙发上一坐，忽然闲着没事情做，就觉得是在浪费时间。

现在看来，那会儿真的是焦虑。我就深更半夜去我家旁边的大学体育场跑圈，一开始跑四五圈就累得不行了，我就告诉自己把跑步当成是"菜君"，多坚持一圈，再多坚持一圈。结果后来真的从心态到身体状态都好起来了，很多朋友看到我，都觉得我被那段时间的压力折磨瘦了，我就笑着告诉他们，其实是跑步跑的。

——任牧

在解决"青年菜君"的债务的问题上，任牧也在不停地奔跑。"青年菜君"的债权人包括欠薪员工、供应商，以及为公司借款的老股东。在那之后的几个月时间里，任牧几乎与对"青年菜君"的业务或资产表示出兴趣的每一个人都见过面。然而，这些尝试和努力不仅无偿，甚至几乎绝大多数都无果而终，其中大部分都不靠谱，只希望来捡个便宜。与此同时，任牧和陈文还要经常应付来自欠薪员工的各种要求，以及供应商的纠缠甚至威胁恐吓。他们研发的产品信息和数据比较好处置，工厂有些生产加工设备也能想办法处理掉。

用最大的耐心和努力来解决问题吧，总之每得到一笔钱，就先按照比例给员工发了，债务能处理一点是一点。只不过是想对每一个人都有个交代，我把吃奶的劲儿都使出来了。

——任牧

有一天，任牧忽然接到其中一位员工的电话。这名员工在电话里对任牧说："今天这个电话不是为了找你要钱，就是想告诉你我的新工作，还有欠我的那部分工资我不要了。我知道这么长时间你一直在为'菜君'和我们的事情忙活，谢谢你。希望你也能早一点放下'菜君'，开始新的工作和生活。"

需要被交代的不仅仅有员工、供应商和股东，还有"青年菜君"的用户们。"青年菜君"有一个高频消费用户的微信群，在业务暂停后几个月的时间，还是不断有用户在群里关心和想念"菜君"。甚至有不少用户问哪里还有类似的半成品可以买，没有"菜君"之后很久没有在家做过晚饭之类的话。任牧觉得，最不能辜负的就是这些用户。他给所有在"青年菜君"储值的用户承诺，帮他们把储值金额的问题解决掉。

2017年初，“青年菜君”的储值用户收到一条短信，告知他们“青年菜君”业务升级，他们的储值金额可以继续消费，并附上了一条短链接。“我的微信之前加过很多‘菜君’用户，他们收到短信都来跟我祝贺。其实，为了解决用户储值，我们想了很多办法，终于找到另外一个做生鲜电商的朋友，让他们帮我接了这部分用户的储值。”

“好在赶在春节之前，没有把猴年的承诺带进鸡年。有一个精彩的开始的确很难，但做一个有尊严、不后悔的结束更难。”至少任牧从来没有后悔过。

采写：陈姚 修订：任牧。

研究问题

1. “青年菜君”发生的资金链断裂危机，有没有可能避免?
2. 结合“青年菜君”处理失败后债务问题的经验，归纳一下创业公司失败之后可能面对的利益相关者有哪些? 对这些相关者，要分别采取哪些策略来进行失败管理?

注释

[1] 于晓宇，蒲馨莲，桑大伟.“创业失败”并不可怕，不会管理失败更可能将你拖入绝境. 中欧商业评论，2018（7）.

[2] 陈姚. 记住那些 ofo 曾经犯过的错. 中国青年报·青年时讯周刊，2019-07-18. 收录本书时有修改。

[3] 于晓宇，蒲馨莲，桑大伟.“创业失败”并不可怕，不会管理失败更可能将你拖入绝境. 中欧商业评论，2018（7）. 标题为笔者收录时修改。

附件1

苏州市大学生创业政策服务导览

初期政策

【创业培训补贴】

本市户籍城乡登记失业人员、毕业年度高校毕业生、在国外学习并获得硕士以上学位（含硕士）的留学回国人员、毕业2年内的市区高校大学生，可享受一次免费创业培训；参加IYB培训取得合格证书的，在有偿培训的基础上，给予培训机构财政补贴1 000元。

【毕业生求职创业补贴】

在毕业年度有就业创业意愿并积极求职创业的高校（含民办高校、独立学院）、中等职业学校、技工院校和特殊教育院校职业教育类的：

（1）城乡低保家庭毕业生；

（2）残疾毕业生；

（3）国家助学贷款毕业生；

（4）建档立卡低收入农户家庭毕业生；

（5）建档立卡贫困家庭毕业生；

（6）特困人员的毕业年度毕业生。

（TIPS：2020届发放对象范围扩大到中等职业学校啦！毕业生只可按一种身份享受补贴哦！）

补贴标准是多少？

1 500元/人。

高校毕业生需准备哪些材料？

（1）城乡低保家庭：求职创业补贴个人申请表、本人身份证、低保证明或低保证原件。

（2）残疾人：求职创业补贴个人申请表、本人身份证、残疾证。

（3）国家助学贷款：求职创业补贴个人申请表、本人身份证、国家助学贷款合同、学校提供贷款到款页面截图。

（4）建档立卡低收入农户、贫困家庭毕业生求职创业补贴个人申请表、本人身份证、扶贫开发系统截图或建档立卡书面证明或建档立卡身份证明原件和复印件。（以上证明材料三选一）

（5）特困人员中的毕业生：求职创业补贴个人申请表、本人身份证、特困人员救助供养证（农村五保证）。

求职创业补贴申领发放流程？

（1）各院校将于 2019 年 12 月底前组织符合补贴条件的毕业生申请补贴。

（2）各院校对毕业生的申请补贴材料进行审查核实，并将确定的享受补贴人员名单及相关信息在校园内公示一周。公示后无异议的，由院校于 2020 年 1 月 15 日前将申报信息上报至院校所在地的人社部门审核。

（3）各地人社部门于 2020 年 2 月 29 日前对院校申报材料进行审核并出具审核意见。

（4）审核通过的求职创业补贴将于 2020 年 3 月 31 日前发放到位，拨付至毕业生个人银行账户。

参考网站：http://suzhou.bendibao.com/live/20191220/71117.shtm.

【开业补贴】/【一次性补贴】

在校生、毕业 2 年内的高校毕业生、在国外取得硕士以上学位（含硕士）的留学人员、毕业后 5 年内的本市户籍大学生、在领失业金人员和经认定的本市户籍就业困难人员在苏创业的，可享受 6 000 元的一次性开业扶持补贴。

【创业带动就业补贴】

在校生、毕业 2 年内的高校毕业生、在国外取得硕士以上学位（含硕士）的留学人员、毕业后 5 年内的本市户籍大学生、在领失业金人员和经认定的本市户籍就业困难人员，在苏创业并领取营业执照，吸纳本市户籍高校毕业生和登记失业人员就业，开业 3 年内可按每年每新增带动 1 人就业一次性给予 3 000 元的创业带动就业补贴，3 年累计不超过 10 万元。

中期政策

【富民创业担保贷款】/【创业担保补贴】

享受人群扩大到在苏高校大学生、城乡劳动者，个人创业者和小微企业贷款最高额度分别为 50 万元和 300 万元，最长期限 3 年。符合条件的贷款人，贷款利率在人民银行同期同档次贷款利率上浮 3 个百分点以内的据实贴息。对无不良记录的本市户籍申请人，对申贷额度在 10 万元以下，以及被选树为市级以上创业典型、获得省级以上创业示范基地推荐等信用良好的创业者，经综合评估后可取消反担保。

【创业社保补贴】/【社会保险补贴】

本市户籍人员和取得硕士及以上学位的留学人员参加创业培训合格，且在苏创业的，可享受不超过 3 年的社保补贴。参加企业职工社会保险的，按照当年企业参保缴费基数，按养老、医疗、失业、工伤、生育五项社会保险合计单位缴费比例计算，按实补贴；参加个体工商户社会保险的，按照养老保险月缴费基数的 12%、医疗保险月缴费基数的 9%、失业保险月缴费基数的 0.5%、工伤和生育保险月缴费全额合并计算，按实补贴。上述补贴金额最高不超过当年企业、个体工商户各险种参保缴费基数下限计算单位缴纳（个体工商户按照上述缴费比例）部分之和的 120%。

【场地租金补贴】

本市户籍创业者、毕业年度高校毕业生和取得硕士以上的留学回国人员入驻经认定的孵化基地创业的租金减免部分予以补贴；在孵化基地外解决经营场地的，3 年内可按每年不超过年租金 50% 且最高 5 000 元以内的标准给予租金补贴。

【创业基本运营补贴】/【创业基地运营补贴】

对自建或改建社会现有资源的创业孵化基地，经考核评估后，根据基建审计报告反映的资金使用情况给予一定的建设补贴。对于孵化基地基建项目或装修款项，市级财政补助款项最多不超过 50 万元。

【创业孵化补贴】

对经认定的孵化基地内孵化服务机构，为在孵企业提供 2 年及以上孵化服务，企业成功孵化且搬离基地后继续经营 6 个月及以上的，按每实际孵化成功 1 家企业对孵化服务机构给予 1 万元的创业孵化服务补贴。

【创业项目补贴】

对经评估后发布的创业项目，给予每个 200 元的一次性补贴；对一年内成功转换的创业项目，给予每个 1 000 元的一次性补贴（创业项目成功转化的标准是创业实体领取营业执照，使用人员 3 人及以上，正常经营 6 个月以上）。

【校园孵化基地一次性建设补贴和租金补贴】

在苏高校创业孵化载体纳入创业工作评估范围，符合条件的高校创业孵化载体经认定后给予 2 万元的一次性财政补贴。从 2015 年 10 月 1 日起，对于符合条件的高校毕业生等人员入驻创业孵化基地创业的，给予不超过 5 000 元的租金补贴，补贴期限不超过 3 年。

后期政策

【苏州市创业大赛优秀项目资助】

根据市人社局、市财政局日前联合出台的《苏州市区创业大赛优秀项目资助实施办法》，对参加由人社等部门组织的市级以上创业大赛中获奖的优秀项目，在苏州市区（姑苏区、高新区）完成商事登记，并运营满6个月以上的自办实体，给予最高30万元的资助。

参考网站：https://baijiahao.baidu.com/s?id=1645160213136567409&wfr=spider&for=pc.

【江苏省大学生优秀创业项目】

1. 申报对象

（1）项目申报人为毕业5年内〔2014年6月1日后（含）〕国内高校毕业生、国（境）外本科（含）以上大学毕业生、国内高校全日制在校生。毕业时间以《毕业证书》发证日期为准。

（2）申报项目2年内〔2017年6月1日后（含）〕已在本市行政区域内实施并登记注册。项目申报人为项目合法拥有者〔企业、民办非企业单位（法人）、民办非企业单位（合伙）法定代表人、民办非企业单位（个体）负责人或个体工商户经营者〕，出资额不低于项目单位投资总额的30%。

2. 申报条件

（1）项目须非国家禁止、限制类，无知识产权纠纷，申报人及项目单位同意在公共媒体公开项目有关信息。

（2）项目具有原创性、可行性，符合本地区产业规划发展导向，商业发展前景好，潜在经济或社会效益较高等特点。

（3）项目单位为民办非企业，申报需经业务主管单位同意。

（4）以下项目（单位）不在申报范围：项目单位为加盟商、企业分支机构；企业、民办非企业单位（法人）、民办非企业单位（合伙）法定代表人，民办非企业单位（个体）负责人曾经发生过变更；已被江苏省人力资源和社会保障厅评为江苏省大学生优秀创业项目（含创意类项目）的。曾因提供虚假资料被取消申报资格的创业项目、申报人不得参与申报。

（5）申报项目需在项目单位登记注册所在县市区就业管理中心（创业指导中心）进行申报，在校大学生请联系本校就业创业指导站进行申报。如项目单位分布在多个地区，需向项目单位总部所在地就业管理中心（创业指导中心）或高校进行申报。

参考网站：https://www.sohu.com/a/346325376_672056.

【苏州市区大学生初创企业获得天使投资奖励补贴】

从2015年到2018年，市级创业引导性资金每年划出500万，对35周岁及以下高校毕业生和留学回国人员在苏初次创办的企业，获得天使投资的，每年遴选 10～15 个大学生初创企业项目，按每个项目天使投资金额的 20% 予以奖励补贴，最高不超过 50 万元。

参考网站：http://cxcyzx.suda.edu.cn/c7/24/c9701a247588/page.htm.

苏州工业园区支持大学生创新创业的实施意见

第一章　总则

第一条　为支持中国大学生来园区创新创业，推动“挑战杯”全国大学生创新创业示范园区建设，同团中央牵头成立的“中国大学生创新创业联盟”（以下简称“联盟”）进行深度合作，结合区域实际情况，制定本意见。

第二条　每年设立不少于 200 万元的专项资金用于支持大学生创新创业相关工作的开展，扶持优秀的大学生创新创业项目落户苏州工业园区。专项资金来源于苏州工业园区高等教育发展专项资金，并根据条件逐步吸纳社会资金的进入。

第二章　主要支持范围

第三条　支持大学生创新创业项目落户园区。支持在团中央举办的“挑战杯”“创青春”上设立“苏州工业园区大学生创业专项奖”，支持独墅湖科教创新区管委会（以下简称“创新区管委会”）主办的各类大学生创新创业大赛，经评审，每个项目给予 5 万～10 万元的资金支持。

第四条　支持大学生创新创业项目入驻园区相关孵化载体，给予注册前最多半年不超过 2 个工位的免租支持。

第五条　支持举办各类大学生创新创业活动。重点支持园区与联盟进行深入合作，举办联盟年会、创新创业培训会、对接会、研讨会、企业实习实训等各类型会议与活动，支持联盟开展国际交流合作。

第六条　其他同大学生创新创业相关的费用支出。

第三章　大学生创新创业项目申报

第七条　申报条件：

（1）申报人包括在校或者毕业三年内的全日制专科、本科、硕士、博士生。

（2）申报人的项目需符合苏州工业园区产业发展方向，并具备可行性。如申报人已注册成立公司，其在公司中所占的股份比例，原则上不低于30%。

（3）其他申报条件以当年颁布的申报通知为准。

第八条　支持金额：根据科技含量、文化创意、经济效益、商业模式、发展前景等方面，择优确定扶持对象，给予5万元、8万元、10万元三个等级的扶持额度。先期拨付所获扶持资金（5万～10万元）10%的一次性奖金（5 000～10 000元），并发放余额部分的“创新创业券”和“创业培训券”，分别占50%和40%。待项目落户园区相关大学生创新创业孵化载体后，兑换50%的“创新创业券”；待项目通过相关创业培训后，兑换40%的“创业培训券”。

第九条　申报流程：

（1）申报人将项目申请材料及相关附件交至创新区管委会，其中在校学生须由所在学校的团委（学生处）进行初审并出具推荐函。

（2）创新区管委会组织安排专家对通过初审的项目进行复审，确定资助名单及相应的资助金额。

（3）资助名单在创新区管委会官方网站公示五个工作日后发文认定。

第十条　资金用途：扶持资金只能用于公司租赁办公场所、购置办公设备、委托加工测试等生产经营以及公司运行相关费用等用途。

第十一条　资金管理：

（1）获资助项目须接受创新区管委会对扶持资金使用情况的监督与审计。

（2）如申报人有造假及挪用资金等行为，须返还扶持资金，并且公司及相关负责人五年内不得申报园区财政项目，严重的追究相应的刑事责任。

第四章　免租申请

第十二条　支持对象：为大学生创新创业提供工位的各孵化载体。其中孵化载体须获得省级以上科技部门的认定，入驻各孵化载体的项目须符合本意见第七条规定的要求，且已同相关孵化载体签订入驻协议。

第十三条　支持方式与支持金额：按照每个工位每月200元给予相关孵化载体补贴，每个载体每年最多支持不超过10万元。

第十四条　申请流程：

（1）每年11月各孵化载体填写大学生创新创业免租申请表，并附同各大学生项目签订的协议复印件等相关申请材料交至创新区管委会。

（2）创新区管委会对材料进行审核，确定资助载体及相应的资助金额。

（3）资助名单在创新区管委会官方网站公示五个工作日后发文认定。

第十五条　资金管理：

（1）获资助的各孵化载体须接受创新区管委会对资金使用情况的监督与审计。

（2）如申请人有造假及挪用资金等行为，须返还扶持资金，并且公司及相关负责人五年内不得申报园区财政项目，严重的追究相应的刑事责任。

第五章 活动申请

第十六条 申请条件：园区内举办各类大学生创新创业活动的相关单位。

第十七条 支持金额：根据活动规模确定支持金额，最多支持不超过 10 万元。

第十八条 申请流程：

（1）每年年初，各单位将各自需牵头举办的各类大学生创新创业活动计划统一报送至创新区管委会。

（2）创新区管委会汇总后，确定“待支持活动”序列，并向各单位内部公示。

（3）创新区管委会于每年 10 月根据各单位的申报情况，确定补贴方案，补贴资金于当年 11 月发放。

第十九条 申请文件：

（1）专题活动年度计划表。

（2）专题活动资金补贴申请报告。

（3）其他申报材料将以通知为准。

第二十条 资金管理：

（1）获资助的各单位须接受创新区管委会对资金使用情况的监督与审计。

（2）如申请人有造假及挪用资金等行为，须返还补贴资金，并且公司及相关负责人五年内不得申报园区财政项目，严重的追究相应的刑事责任。

第六章 附则

第二十一条 本意见由苏州独墅湖科教创新区管委会负责解释。

第二十二条 本意见自发布之日起实施，有效期截至 2020 年 12 月 31 日。2014 年 9 月 23 日苏州工业园区管委会公布的《苏州工业园区支持大学生创新创业的实施意见》（苏园管规字〔2014〕7 号）从即日起废止。

苏州工业园区管理委员会

2017 年 6 月 12 日印发